改訂版 明文
명심보감(明心寶鑑)

金 東 求 註解

明文堂

명심보감(明心寶鑑)

초판 발행 | 2008년 2월 15일
초판 5쇄 | 2022년 9월 15일

註　解 | 金東求
펴낸이 | 金東求
펴낸데 | 明文堂(창립 1923. 10. 1.)
주　소 | 서울특별시 종로구 윤보선길 61(안국동)
우체국 | 010579-01-000682
전　화 | (영업) 733-3039, 734-4798　FAX 734-9209
　　　　(편집) 741-3237
등　록 | 1977. 11. 19. 제 1-148
ISBN 978-89-7270-973-2　　03140
ⓒ 2008 명문당
잘못된 책은 구입한 곳에서 바꿔드립니다.
값 8,000원

三綱 삼강

君爲臣綱 군위신강
임금은 신하의 근본이 되고
父爲子綱 부위자강
아버지는 아들의 근본이 되며
夫爲婦綱 부위부강
남편은 아내의 근본이 된다.

五倫 오륜

父子有親 부자유친
아버지와 아들 사이는 친함이 있어야 하고
君臣有義 군신유의
임금과 신하 사이는 의가 있어야 하고
夫婦有別 부부유별
남편과 아내 사이는 분별이 있어야 하고
長幼有序 장유유서
어른과 어린이 사이는 차례가 있어야 하고
朋友有信 붕우유신
벗과 벗 사이는 믿음이 있어야 한다.

朱子 주자 十悔訓 십회훈

不孝父母死後悔 불효부모사후회 　부모에게 효도하지 않으면 돌아가신 후에 후회한다.
不親宗族疎後悔 불친종족소후회 　종족에게 친절하지 않으면 헤어진 후에 후회한다.
不接賓客去後悔 부접빈객거후회 　손님을 접대하지 않으면 가신 후에 후회한다.
不治垣墻盜後悔 불치원장도후회 　담을 쳐놓지 않으면 도둑맞은 후에 후회한다.
春不耕種秋後悔 춘불경종추후회 　봄에 심지 않으면 가을이 온 후에 후회한다.
少不勤學老後悔 소불근학노후회 　젊어서 부지런히 배우지 않으면 늙은 후에 후회한다.
色不勤愼病後悔 색불근신병후회 　색을 조심하지 않으면 병든 후에 후회한다.
富不節用貧後悔 부부절용빈후회 　부할 때 절약하여 쓰지 않으면 가난한 후에 후회한다.
念不思難敗後悔 염불사난패후회 　늘 생각하되 어려움을 생각지 않으면 실패 후에 후회한다.
※ 念을 忿으로 씀은 잘못.
酒中妄言醒後悔 주중망언성후회 　주중에 망동된 말은 술 깬 후에 후회한다.
※ 或 : 酒를 醉로도 쓰고 있음.

책머리에

마음을 밝게 하는 거울

　명심보감(明心寶鑑)은 성현(聖賢)들의 금언(金言)과 명구(名句)를 추려 모은 수양서(修養書)이다. 일찍이 고려시대부터 많은 사람들이 애독하고 소중히 여겼던 도의(道義)의 교본(敎本)으로, 우리 민족의 정신적 가치관 형성에 일익을 담당해왔다.

　책명에서 '명심'이란 '마음을 밝게 한다'는 뜻이며, '보감'은 '보물과 같은 거울'로서의 교본이 된다는 것을 뜻하였다. 비록 한문 고전에서 단편적인 교훈을 모아놓은 것이지만 그 생명과 가치는 오늘에도 생생하게 빛을 내며 따라서 모든 사람들이 항상 좌우명(座右銘)으로 삼고 활용해야 할 주옥(珠玉) 같은 가르침의 말들이다.

　책의 내용은 원래 계선편(繼善篇)·천명편(天命篇) 등 모두 20편으로 되어 있었으나, 후일에 와서 증보편·효행편 속(孝行篇 續)·염의편(廉義篇)·권학편(勸學篇)을 증보하여 보강한 것이 있는가하면, 팔반가(八反歌) 한 편을 보완한 증보판도 보인다.

　그 편성 순서에 따라 요지를 살펴보면 다음과 같다.

　계선편은 착한 자에게는 복이 오고 악한 자에게는 화가 미친다는 굳은 신념에서 선행을 권장하는 옛 금언(金言)들을 모았다.

　천명편은 선행을 해야 모든 일이 순조롭다는 천도(天道)의 증언을 들고 있다. 순명편(順命篇)은 생사가 명(命)에 있고 부귀가 하늘에 있음을 들고 분수에 맞게 살 것을 강조하였다. 효행편(孝行篇)에서는 부모의 은덕과 자식됨의 도리를 밝혀 인과론적 효도를 설명하였다.

　정기편(正己篇)은 많은 분량을 할애하여, 일상생활을 항상 반성하고 홀로 있을 때에 행동을 삼가해야 할 것과, 일에 성의를 다하며 감정을 통제해서 맑고 청렴하고 담백한 생활을 영위해야 할 것을 엮고 있다.

　안분편(安分篇)에서는 매사에 자신의 분수를 알아, 무리하고 부질없는 호화로운 향락보다는 실질적이며 정신적 생활을 영위하는 데 만족할 것을 들었다. 존심편(存心篇)은 언제나 겸손하고 남을 용서하는 마음으로 세상을 대하나, 자신에 대한 지나친 관용은 금하여 끊임없는 자성(自省)으로 후회함이 없도록 노력하라고 하였다.

계성편(戒性篇)은 참는 것이 덕이 되니 분노를 누르고 인정을 베풀도록 하라는 내용이며, 근학편(勤學篇)은 어려서부터 부지런히 배워야 할 것을 거듭 당부하면서, 결과적으로 인간의 영달(榮達)이나 완성은 전적으로 스스로의 면학에 있음을 일깨우고 있다. 훈자편(訓子篇)은 금전보다는 자녀교육이 더 중요하며, 교육의 방법은 가장 엄격하면서도 정도(正道)를 걸어야 한다는 구체적인 가언(嘉言)들을 인용하였다.

성심편(省心篇) 상·하는 이 책의 핵심인 동시에 책 전체 분량의 3분의 1을 차지하고 있다. 보화보다는 충효를 중시하고, 불의하면서 부귀를 누리는 것은 오래가지 못하며, 세상일들이 예측할 수 없는 흥망성쇠가 순환하고 있으니 평소 자신을 절제하고 감사하는 마음가짐을 가질 것을 강조하였다. 입교편(立敎篇)에서는 삼강오륜을 중심으로 처신에 조심하고 노력할 것과 충성과 효도를 다할 것을 언급하고 있다.

치정편(治政篇)은 정치의 요체가 애민(愛民)에 있으며, 청렴·신중·근면이 그 터전이 되어야 함을 일깨우고 있다. 치가편(治家篇)은 가정관리의 원칙과 실제, 부부의 화목과 부자간의 의리를 돈독히 할 것을 타이르고 있다. 안의편(安義篇)은 인륜의 시작과 부부·부자·형제관계에 덧붙여 인간관계는 빈부를 초월한다고 하였다.

준례편(遵禮篇)은 가족간·친척간·조정에서의 예의와 함께 심지어 전쟁에서도 예의가 있으며, 예의가 곧 사회 유지의 근본이라고 하였다. 언어편(言語篇)은 말의 책임성과 말을 삼가해야 할 것을, 부행편(婦行篇)은 부인이 갖추어야 할 사덕(四德)의 설명과 함께 그 역할과 사명을 들었다.

기타 증보판의 경우 앞의 내용을 보완하거나 「녹계궁지(錄桂宮誌)」에 실린 효행을 권려한 내용을 발췌해서 팔반가편(八反歌篇)으로 편찬하였다.

모쪼록 이 책을 통해 많은 사람들이 선한 본성을 되찾고 인격을 도야하여 인류의 역사와 문화발전에 기여하는 지식인이 될 것을 기대한다.

2008년 정월
편저자 씀.

차 례

책머리에/ 마음을 밝게 하는 거울 … 4
계선편(繼善篇) ……………………… 7
천명편(天命篇) ……………………… 14
순명편(順命篇) ……………………… 18
효행편(孝行篇) ……………………… 21
정기편(正己篇) ……………………… 25
안분편(安分篇) ……………………… 44
존심편(存心篇) ……………………… 48
계성편(戒性篇) ……………………… 60
근학편(勤學篇) ……………………… 69
훈자편(訓子篇) ……………………… 75
성심편(省心篇)·上 ………………… 80
성심편(省心篇)·下 ………………… 109
입교편(立教篇) ……………………… 134

치정편(治政篇) ……………………… 150
치가편(治家篇) ……………………… 157
안의편(安義篇) ……………………… 161
준례편(遵禮篇) ……………………… 164
언어편(言語篇) ……………………… 168
교우편(交友篇) ……………………… 172
부행편(婦行篇) ……………………… 177

증보편(增補篇) ……………………… 183
팔반가(八反歌) ……………………… 185
효행편 속(孝行篇 續) ……………… 193
염의편(廉義篇) ……………………… 199
권학편(勸學篇) ……………………… 205

계선편(繼善篇)

선행을 계속하라. 더욱 착한 일을 하라.

繼善篇 1

子曰 爲善者는 天報之以福하고 爲不善者는 天報之以禍니라.
자왈, 위선자 천보지이복 위불선자 천보지이화

공자께서 말씀하셨다.

착한 일을 하는 사람은 하늘이 복으로써 갚아주고 착하지 않은 일을 하는 사람은 하늘이 재앙으로써 갚아주느니라.

 **참고** 공자(孔子) : B.C. 552~479. 춘추(春秋)시대의 말기 노(魯)나라의 창평향 추읍(昌平鄉 陬邑, 지금의 산동성(山東省)) 곡부현(曲阜縣)에서 탄생하였다. 이름은 구(丘), 자(字)는 중니(仲尼)다. 인(仁)을 근본으로 하는 윤리 도덕(倫理道德)을 설명하여 사람들의 갈 길을 밝힘으로써 성인(聖人)으로 일컬어지게 되었다.

※ 爲善者(위선자):선을 행한 사람. 報 갚을 보. 以 써 이. 福 복 복. 禍 재앙 화.

繼善篇 2

漢昭烈이 將終에 勅後主曰
한소열 장종 칙후주왈,

勿以善小而不爲하고 勿以惡小而爲之하라.
물이선소이불위　　물이악소이위지

한(漢)나라의 소열황제(昭烈皇帝)가 장차 임종하려 할 때에 아들〔後主, 劉禪〕인 다음 황제에게 조칙을 내려 말하였다.

착한 일이 작다고 해서 아니 하지 말며, 악한 일이 작다고 해서 하지 말라.

> **참고** 한소열(漢昭烈): B.C 160~223. 삼국시대 촉한(蜀漢)의 소열황제(昭烈皇帝)를 일컬음. 성은 유(劉), 이름은 비(備), 자는 현덕(玄德), 소열(昭烈)은 그의 시호이다. 삼국지(三國志)에 나오는 관우(關羽)·장비(張飛)·제갈량(諸葛亮) 등의 도움으로 한중왕(漢中王)에 올랐다.

繼善篇 3

莊子曰, 一日不念善이면 諸惡이 皆自起니라.
장자왈　 일일불념선　　　제악　 개자기

장자가 말하였다.

하루라도 착한 일을 염두에 두지 않으면 모든 악한 것이 다 저절로 일어나느니라.

> **참고** 장자(莊子): B.C. 356~290. 이름은 주(周). 전국시대(戰國時代)의 송(宋)나라 사람. 노자(老子)의 무위자연설(無爲自然說)을 크게 발전시켜서 노장사상(老莊思想)을 이루었으며, 만물 일원론(萬物一元論)을 주장하였다. 인생관은 사생을 초월하여 절대 무한의 경지에 소요(逍遙)함을 목적으로 하였고, 또한 인생은 모두 천명(天命)이라는 숙명설(宿命說)을 취하였다. 저서(著書)로 「남화경(南華經)」이 있다.

將 장차 장, 終 마칠 종, 勅 칙서 칙, 後 뒤 후, 勿 말(금지) 물.
念 생각할 념, 諸 모든 제, 皆 다(대개) 개, 自 스스로 자, 起 일어날 기.

太公이 曰, 見善如渴하고 聞惡如聾하라 又曰 善
태공 왈, 견선여갈　　　문악여롱　　　　우왈 선

事는 須貪하고 惡事는 莫樂하라.
사　　수탐　　　악사　　막락

태공이 말하였다.
　착한 것을 보거든 목마를 때 물을 보듯이 하고, 악한 것을 듣거든 귀 먹은 것 같이 하라. 또 이르기를, 착한 일은 곧 탐내고 악한 일은 즐겨하지 마라.

 태공(太公) : 본명(本名)은 여상(呂尙)인데, 여망(呂望)이라고도 하며, 주(周)나라 초기의 현자(賢者)다. 위수(渭水)가에서 낚시질을 하다가 문왕(文王)에게 기용(起用)되었으며, 문왕이 죽은 뒤 그의 아들 무왕을 도와 은(殷)의 폭군인 주(紂)를 멸하고 주왕조(周王朝)를 창건하였다. 그 공로로서 제(齊)나라에 봉함을 받아 시조가 되었다. 춘추시대를 거쳐 전국시대에 이르기까지 강대한 나라로서 오랫동안 존속되었다. 그의 저서로 병서「육도(六韜)」가 전한다.

渴 목마를 갈, 聾 귀머거리 롱, 須 모름지기 수, 貪 탐할 탐.

馬援曰, 終身行善이라도 善猶不足이요 一日行
마원왈, 종신행선　　　　선유부족　　　일일행

惡이라도 惡自有餘니라.
악　　　　악자유여

마원이 말하였다.

종신(終身)토록 착한 일을 해도 착한 일은 오히려 부족하고, 단 하루라도 악한 일을 행하면 악한 일은 저절로 남음이 있느니라.

참고 마원(馬援) : B.C. 11~A.D. 49. 후한(後漢)의 장군. 티벳족의 정벌, 남방 교지(南方交趾)의 반란 평정 및 흉노(匈奴) 토벌 등 많은 무공(武功)을 세웠으며, 복파장군(伏波將軍)에 임명되었다. 종신(終身) : 한평생 동안. 목숨을 다하기까지.

終 끝날 종, 身 몸(자신) 신, 猶 오히려 유, 足 족할 족, 餘 남을 여.

繼善篇 6

司馬溫公曰, 積金以遺子孫이라도 未必子孫이 能盡守요 積書以遺子孫이라도 未必子孫이 能盡讀이니 不如積陰德於冥冥之中하여 以爲子孫之計也니라.

사마온공이 말하였다.

돈을 모아서 자손에게 물려주더라도 자손이 반드시 다 지킬 수 없을 것이고, 책을 모아서 자손에게 물려주더라도 자손이 반드시 다 읽을 수 없을 것이다. 차라리 남모르는 가운데 음덕(陰德)을 쌓아서 자손을 위한 계책을 삼느니만 같지 못하니라.

참고 사마온(司馬溫) : 1019~1086. 이름은 광(光), 자(字)는 군실(君實), 호는 우부(迂夫) 또는 우수(迂叟). 시호는 문정(文正)인데, 온국공(溫國公)에 봉하였기 때문에 흔히 사마온공(司馬溫公)으로 불린다. 북송(北宋)의 정치가이며 학자다. 「자치통감(資治通鑑)」의 저자. 음덕(陰德) : 숨은 덕.

積 쌓을 적, 遺 남길 유, 必 반드시 필, 能 능할 능, 盡 다할 진,
陰 응달 음, 德 덕 덕, 冥 어두울 명, 計 꾀 계.

繼善篇 7

景行錄에 曰, 恩義를 廣施하라 人生何處不相逢가 讐怨을 莫結하라 路逢狹處면 難回避니라.
경행록 왈, 은의 광시 인생하처불상봉 수원 막결 노봉협처 난회피

「경행록」에 이르기를,
　은혜로운 일과 올바른 일을 널리 시행하라. 사람살이가 어느 곳에서든 서로 만나지 않겠는가. 원수와 원한을 맺지 말라. 길 가다 좁은 곳에서 만나면 회피하기 어려우니라.

참고 경행록(景行錄) : 송(宋)나라 때의 책. 은의(恩義) : 은혜와 의리. 광시(廣施) : 널리 베풀다. 막결(莫結) : 맺지 말라. 협처(狹處) : 좁은 곳.

義 옳을 의, 廣 넓을 광, 施 베풀 시, 逢 만날 봉, 讐 원수 수,
怨 원망할 원, 狹 좁을 협, 難 어려울 난, 避 피할 피.

繼善篇 8

莊子曰, 於我善者도 我亦善之하고 於我惡者도
장자왈, 어아선자 아역선지 어아악자

我亦善之니라 我旣於人에 無惡이면 人能於我에 無惡哉인저.

장자가 말하였다.

나에게 착하게 하는 자에게도 내 또한 착하게 하고, 나에게 악하게 하는 자에게라도 나는 또한 착하게 할 것이다. 내가 이미 남에게 악하게 함이 없으면 남이 능히 나에게 악하게 하는 일이 없을 것이다.

참고 어아(於我) : 나에게, 어(於)는 밑의 말을 위로 올리는 작용을 하는 어조사(語助辭). 선자(善者) : 착하게 하는 이. 선지(善之) : 착하게 한다. 재(哉) : 어조사, 반어사다.

於 어조사 어, 亦 또 역, 旣 이미 기, 能 능할(능히) 능, 哉 어조사 재.

繼善篇 9

東岳聖帝垂訓에 曰, 一日行善이라도 福雖未至나 禍自遠矣요 一日行惡이라도 禍雖未至나 福自遠矣라 行善之人은 如春園之草하여 不見其長이라도 日有所增하고 行惡之人은 如磨刀之石하여 不見其損이라도 日有所虧니라.

동악성제(東岳聖帝) 「수훈(垂訓)」에 이르기를,

하루 착한 일을 했을지라도 복이 비록 곧 오는 것은 아니지만 재앙은 저절로 멀어질 것이요, 하루 악한 일을 했을지라도 재앙이 곧 오지는 않으나 복은 저절로 멀어질 것이다. 착한 일을 하는 사람은 봄날 정원의 풀과 같아서 자라는 것이 보이지 않지만 날마다 커가는 것이 있고, 악한 일을 하는 사람은 칼 가는 숫돌과 같아서 닳는 것은 보이지 않지만 날마다 이지러지는 것이 있을 것이니라.

참고 동악성제(東岳聖帝) : 도가(道家)에서 사람의 수명과 복록(福祿)을 맡는다고 하는 '태산부군(泰山府君)'의 다른 이름. 동악묘(東岳廟, 태산의 신을 모심)의 본존(本尊). 수훈(垂訓) : 훈계를 내림. 춘원(春園) : 봄 동산.

垂 드리울 수, 訓 가르칠 훈, 雖 비록 수, 未 아닐 미, 至 이를 지, 禍 재화 화, 如 같을 여, 園 동산 원, 其 그 기, 長 길(자라다) 장, 所 바 소, 增 더할 증, 磨 갈 마, 刀 칼 도, 損 덜 손, 虧 이지러질 휴.

 繼善篇 10

子曰 見善如不及하고 見不善如探湯하라.
자왈, 견선여불급   견불선여탐탕

공자께서 말씀하셨다.

착한 일을 보거든 따르지 못함을 애태우듯 하고, 착하지 않은 일을 보거든 끓는 물을 만지듯이 피하라.

참고 탐탕(探湯) : 끓는 물을 손으로 만지는 것. 여불급(如不及) : 미치지 못하는 듯이. 견선(見善) : 선을 보다. 남이 선한 일 하는 것을 본다.

及 미칠 급, 探 찾을 탐, 湯 물 끓을 탕.

천명편(天命篇)

하늘의 명에 정성을 다해 착하게 살라.

天命篇 1

孟子曰 順天者는 存하고 逆天者는 亡이니라.
맹자왈, 순천자 존 역천자 망

맹자께서 말씀하셨다.

하늘의 뜻을 따르는 자는 살아남고, 하늘의 뜻을 거스르는 사람은 망하느니라.

> **참고** 맹자(孟子) : B.C. 372~289. 중국 전국시대(戰國時代)의 철인(哲人). 이름은 가(軻). 자는 자여(子輿) 또는 자거(子車). 산동성(山東省) 추현(鄒縣) 출생. 공자의 '인(仁)'의 사상을 발전시켜서 인의예지(仁義禮智)의 네 가지 덕이 인간의 본성이라 하여 '성선설(性善說)'을 주장하였음.

順 순할 순. 存 있을 존. 逆 거스를 역. 亡 망할 망.

天命篇 2

康節邵先生曰, 天聽이 寂無音하니 蒼蒼何處尋
강절소선생왈, 천청 적무음 창창하처심

고 非高亦非遠이라 都只在人心이니라.
비고역비원 도지재인심

강절 소선생이 말하였다.

하늘의 들으심이 고요하여 소리가 없으니, 푸르고 푸르건만 어디서 찾을까. 그것은 높지도 않고 멀지도 않다.

모두가 사람 마음속에 있느니라.

참고 강절 소선생(康節邵先生) : 1011~1077. 송(宋)나라 때 유학자(儒學者). 이름은 옹(雍), 자는 요부(堯夫), 강절(康節)은 그의 시호이다. 이정지(李挺之)에게 도가(道家)의 「도서선천상수(圖書先天象數)」의 학(學)을 배워 수리학설(數理學說)을 세우고, 이에 의하여 우주 자연의 원리를 설명하였다.

聽 들을 청, 寂 고요할 적, 蒼 푸를 창, 尋 찾을 심, 都 모두 도, 只 다만 지.

天命篇 3

玄帝垂訓에 曰 人間私語라도 天聽은 若雷하고
현제수훈 왈 인간사어   천청   약뢰

暗室欺心이라도 神目은 如電이니라.
암실기심   신목   여전

현제(玄帝)의 「수훈」에 이르기를,

사람들 사이에서 사사로이 은밀히 하는 말이라도 하늘은 우레처럼 크게 들리고, 어두운 방안에서 자신의 마음을 속일지라도 신의 눈은 번갯불처럼 밝게 보이느니라.

참고 현제(玄帝) : 도교(道敎)에서 높이신 신. 천제(天帝). 사어(私語) : 사사로운 말. 개인적으로 하는 말. 약뢰(若雷) : 약(若)은 같다는 뜻으로써 우레와 같다. 기심(欺心) : 양심을 속이는 것.

私 사사 사, 語 말씀 어, 若 같을 약, 雷 우레 뢰, 暗 어두울 암, 室 집 실, 欺 속일 기, 神 귀신 신, 目 눈 목, 如 같을 여, 電 번개 전.

天命篇 4

益智書에 **云**하였으되, **惡鑵**이 **若滿**이면 **天必誅之**니라.
익지서 운 악관 약만 천필주지

익지서(益智書)에 이르기를,
악한 그릇(나쁜 마음)이 가득해질 것 같으면 하늘이 반드시 벌하여 벨 것이니라.

> **참고** 익지서(益智書) : 송(宋)나라 때 편찬한 교양에 관한 책. 악관(惡鑵) : 악한 마음의 비유. 주(誅) : 베어 죽인다는 뜻, 벌을 준다.

云 이를(말할) 운. 鑵 두레박 관. 若 만약(혹시) 약. 滿 찰 만. 誅 벨 주.

天命篇 5

莊子曰 **若人**이 **作不善**하여 **得顯名者**는 **人雖不害**나 **天必戮之**니라.
장자왈, 약인 작불선 득현명자 인수불해 천필륙지

장자(莊子)가 말하였다.
만일 사람이 선하지 못한 일로 세상에 이름을 드러낸 자는, 사람들이 비록 그를 해치지 않더라도 하늘이 반드시 죽일 것이니라.

> **참고** 작불선(作不善) : 악을 행하다. 륙(戮) : 죽이다. 현명(顯名) : 이름을 드러내다. 육지(戮之) : 벌주고 멸하다.

若 같을 약. 作 지을 작. 得 얻을 득. 顯 나타날 현. 雖 비록 수. 害 해칠 해.

天命篇 6

種瓜得瓜하고 **種豆得豆**니 **天網**이 **恢恢**하여 **疎而不漏**니라.
종과득과   종두득두   천강   회회   소이불루

오이를 심으면 오이를 얻고, 콩을 심으면 콩을 얻으니, 하늘의 그물은 넓고 넓어서 성글기는 하나 새지 않느니라.

> **참고** 회회(恢恢) : 크고 넓다. 불루(不漏) : 새거나 빠뜨리지 않는다.

種 씨(심다) 종, 瓜 오이 과, 得 얻을 득, 豆 콩 두, 網 그물 망, 恢 넓을 회, 疎 사이 트일(성글) 소, 漏 샐 루.

天命篇 7

子曰 獲罪於天이면 **無所禱也**니라.
자 왈, 획 죄 어 천   무 소 도 야

공자께서 말씀하셨다.
(나쁜 일을 하여) 하늘에 죄를 지으면 빌 곳이 없느니라.

> **참고** 어천(於天) : 하늘에 대하여. 무소도(無所禱) : 빌 곳이 없다. 호소할 데가 없다.

獲 얻을 획, 罪 허물 죄, 所 바 소, 禱 빌 도.

순명편(順命篇)

하늘의 명에 따르고 순종하라.

順命篇 1

子曰 死生이 有命이요 富貴는 在天이니라.
자왈, 사생 유명 부귀 재천

공자께서 말씀하셨다.
 죽고 사는 것은 명에 있고, 부자가 되고 귀하게 되는 것은 하늘에 달려 있느니라.

> 참고 순명(順命) : 하늘의 명을 따르고 순종해야 한다. 절대자인 하늘과 하늘의 도리를 터득하고 따라야 함을 강조한다.

死 죽을 사, 命 목숨 명, 富 부자(가멸) 부, 貴 귀할 귀, 在 있을 재.

順命篇 2

萬事가 分已定이어늘 浮生이 空自忙이니라.
만사 분이정 부생 공자망

 모든 일은 분수(分數)가 이미 정해져 있는데, 덧없는 인생은 부질없이 스스로 바쁘게 움직이느니라.

순명편(順命篇) 19

**참고** 분이정(分已定) : 분수(分數)가 이미 정해져 있다. 공자망(空自忙) : 부질없이 바쁘게 수선부리고 안달을 떤다.

萬 일만 만, 事 일 사, 定 정할 정, 浮 뜰 부, 空 빌 공, 忙 바쁠 망.

順命篇 3

景行錄에 云하였으되,
경행록 운

禍不可倖免이요 福은 不可再求니라.
화 불가행면 복 불가재구

「경행록(景行錄)」에 이르기를,
하늘이 내리는 재앙을 요행으로 면할 수 없고, 하늘이 내리는 복 또한 두 번 다시 구하려고 하지 말지니라.

**참고** 행면(倖免) : 요행으로 면하다. 재구(再求) : 다시 구하는 것.

禍 재화 화, 倖 요행 행, 免 면할 면, 福 복 복, 再 두 재, 求 구할 구.

順命篇 4

時來면 風送滕王閣이요 運退면 雷轟薦福碑라.
시래 풍송등왕각 운퇴 뇌굉천복비

때가 오니 바람이 (왕발을) 등왕각으로 불고, 운수가 물러가면 벼락이 천복비에 떨어졌느니라.

참고 왕발(王勃) : 당(唐)나라 때 시인. 자는 자안(子安), 「등왕각 서(滕王閣序)」

를 지어서 문명(文名)이 세상에 널리 알려졌음. 등왕각(滕王閣) : 양자강 유역 남창(南昌)에 있는 누각. 천복비(薦福碑) : 강서성 천복사에 있던 비(碑). 원나라 때 마치원(馬致遠)이 세운 것이라는 설도 있고, 당나라 때 세워지고 구양순(歐陽詢)이 비문을 썼다는 설도 있다.

雷 우레 뢰, 轟 울릴 굉, 薦 천거할 천, 福 복 복, 碑 돌기둥 비.

順命篇 5

列子曰, 癡聾瘖瘂도 家豪富요 知慧聰明도 却
열자왈, 치농음아   가호부   지혜총명   각

受貧이라 年月日時該載定하니 算來由命不由
수빈   년월일시해재정   산래유명불유

人이니라.
인

열자가 말하였다.

어리석고 귀먹고 벙어리라도 집은 호화롭고 부자요, 지혜롭고 총명한 자라도 오히려 가난함을 받느니라. (운수는) 타고난 연월일시에 따라 이미 정해져 있으니, 따지고 보면 운명에 따르는 것이지 사람에게서 연유됨이 아니느니라.

참고 열자(列子) : 이름은 어구(御寇), 전국시대의 노나라 사람. 사상적으로 도가(道家)에 속하여 충허진인(沖虛眞人), 지덕충허진인(至德沖虛眞人) 등의 칭호가 있음. 열어구(列禦寇)의 학설을 그의 문인들이 천서(天瑞)·황제(黃帝)·주목왕(周穆王)·중니(仲尼)·탕문(湯問)·방명(方命)·양주(楊朱)·설부(說符) 등 8편으로 나누어 기술하였으며, 「열자(列子)」라고 부름.

癡 어리석을 치, 聾 귀머거리 롱, 瘖 벙어리 음, 瘂 벙어리 아, 豪 호걸 호, 慧 슬기로울 혜, 聰 귀 밝을 총, 却 도리어 각, 該 그 해, 載 실을 재.

효행편(孝行篇)

어버이에게 감사하고 보답하라.

孝行篇 1

詩에 曰 父兮生我하시고 母兮鞠我하시니
시 왈, 부혜생아 모혜국아

哀哀父母여 生我劬勞하셨다.
애애부모 생아구로

欲報深恩인대 昊天罔極이로다.
욕보심은 호천망극

「시경(詩經)」에 이르기를,

아버지시여 나를 낳으시고, 어머니시여 나를 기르시니, 슬프고 애달프다! 부모님이시여! 나를 낳아 기르시기에 애쓰셨도다. 그 깊은 은혜 갚고자 하면 저 높은 하늘과 같이 끝이 없음이로다.

참고 시경(詩經) : 주(周)나라 초부터 춘추시대까지의 시 331편을 수록함. 오경의 하나. 구로(劬勞) : 애쓰고 수고하다. 망극(罔極) : 끝이 없다.

鞠 기를 국, 哀 슬플 애, 報 갚을 보, 昊 하늘 호, 罔 없을 망, 極 다할 극.

孝行篇 2

子曰 孝子之事親也에 居則致其敬하고 養則致
자 왈, 효자지사친야 거즉치기경 양즉치

其樂하고 病則致其憂하고 喪則致其哀하며 祭則
기 락   병 즉 치 기 우   상 즉 치 기 애   제 즉

致其嚴이니라.
치 기 엄

공자께서 말씀하셨다.
효자로서 어버이를 섬김에 있어서는 평상시에는 공경하는 마음을 다 바치고, 봉양함에 있어서는 즐겁게 해드릴 마음을 다하며, 병이 나시면 진정으로 우려하고, 상례를 치를 때에는 슬픔을 다하며, 제사지낼 때에는 엄숙한 마음을 다하느니라.

참고 사친(事親) : 어버이를 섬기다. 치기경(致其敬) : 공경을 다하다.

親 어버이 친, 致 극진히 할 치, 敬 공경할 경, 養 기를 양, 樂 즐길 락,
病 병 병, 憂 근심할 우, 喪 죽을 상, 祭 제사 제, 嚴 엄할 엄.

孝行篇 3

子曰, 父母在어시든 不遠遊하며 遊必有方이니라.
자 왈, 부 모 재   불 원 유   유 필 유 방

공자께서 말씀하셨다.
부모가 살아계시면 집을 멀리 떠나 나돌지 아니하며, 집을 떠나 나돌더라도 반드시 일정한 장소에 있어야 하느니라.

참고 원유(遠遊) : 집을 떠나 먼 곳으로 여행하다. 방(方) : 행방이나 행선지를 부모님께 알리다.

在 있을 재, 遠 멀 원, 遊 놀 유, 方 모 방.

孝行篇 4

子曰 父命召어시든 **唯而不諾**하고 **食在口**면 **則吐之**니라.
자왈, 부명소 유이불낙 식재구 즉토 지

공자께서 말씀하셨다.
 아버지께서 부르시거든 '예'하고 즉시 대답하고 머뭇거리지 말며 음식물이 입에 있거든 뱉고 달려갈 것이니라.

> **참고** 유이불낙(唯而不諾) : '예'하고 대답하고 지체하지 않고 즉시 달려가다.
> 토지(吐之) : 토해 내다. 뱉다.

命 명령 명, 召 부를 소, 唯 대답할 유, 諾 대답할 낙, 吐 토할 토.

孝行篇 5

太公이 **曰 孝於親**이면 **子亦孝之**하나니 **身旣不孝**면 **子何孝焉**이리오.
태공 왈, 효어친 자역효지 신기불효 자하효언

태공이 말하였다.
 자신이 어버이에게 효도하면 내 자식이 또한 나에게 효도하나니, 자신이 이미 어버이에게 불효했다면 자식이 어찌 나에게 효도하리오.

참고 효어친(孝於親) : 부모에게 효도하다. 자하효언(子何孝焉) : 자식인들 어찌 나에게 효도를 하랴.

亦 또 역. 身 몸(자신) 신. 旣 이미 기. 何 어찌 하.

孝行篇 6

孝順은 還生孝順子요 忤逆은 還生忤逆子하나니
효 순   환 생 효 순 자   오 역   환 생 오 역 자

不信커든 但看簷頭水하라 點點滴滴不差移니라.
불 신   단 간 첨 두 수   점 점 적 적 불 차 이

부모에게 효도하고 순종하는 이는 또한 효도하고 순종하는 자식을 낳을 것이요, 부모에게 거스르고 거역하는 이는 또한 거스르고 거역하는 자식을 낳는다. 믿어지지 않거든 처마 끝의 낙수를 보라. 방울방울 떨어지는 것이 조금도 어긋남이 없느니라.

참고 효순(孝順) : 부모에게 효도하고 순종하는 것. 환(還) : 또한, 오히려. 오역(忤逆) : 패역(悖逆), 또는 반역(反逆). 불차이(不差移) : 위치가 틀리지 않다, 같은 자리에 물방울이 떨어지다.

忤 거스를 오. 逆 거스를 역. 簷 처마 첨. 點 점 점. 滴 물방울 적.

정기편(正己篇)

나를 바르게 하여 하늘과 하나되게 하라.

正己篇 1

性理書에 云하였으되,
성리서 운

見人之善이어든 而尋己之善하고 見人之惡이어든
견인지선   이심기지선   견인지악

而尋己之惡이니 如此라야 方是有益이니라.
이심기지악   여차   방시유익

「성리서(性理書)」에 이르기를,

남의 착한 일을 보거든 나의 착한 일을 찾고, 남의 악한 일을 보거든 나의 악한 일을 찾을 것이니, 이와 같이 하여야 바야흐로 유익함이 있느니라.

> **참고** 정기(正己) : 자기의 마음이나 행실을 바르게 하다. 正은 一과 止. 곧 만물을 창조하고 섭리하는 하늘, 하늘의 도리를 뜻한다. 「성리서(性理書)」: 성리학에 관한 서적인 대학(大學), 중용(中庸), 논어(論語), 맹자(孟子) 등.

尋 찾을 심, 如 같을 여, 此 이 차, 是 옳을 시, 益 더할 익.

正己篇 2

景行錄에 云하였으되,
경 행 록   운

大丈夫는 當容人이언정 無爲人所容이니라.
대장부   당용인   무위인소용

「경행록」에 이르기를,
　대장부는 마땅히 남을 용서하는 일이 있을지언정 남에게 용서받는 일은 없어야 하느니라.

　　참고　용(容) : 용납한다. 용서한다.　대장부(大丈夫) : 훌륭한 남자.

正己篇 3

太公이 曰 勿以貴己而賤人하고 勿以自大而蔑
태공   왈 물이귀기이천인   물이자대이멸

小하고 勿以恃勇而輕敵하라.
소   물이시용이경적

　태공이 말하였다.
　나를 귀하게 여겨 남을 천히 보지 말고, 자신을 크다 여겨 남을 작게 멸시하지 말고, 나의 용기를 믿고서 적을 가벼이 보지 말라.

　　참고　귀기(貴己) : 자기를 귀히 여긴다.　멸소(蔑小) : 작은 것을 업신여기다.　경적
　　　　　(輕敵) : 적(敵)을 가볍게 보다.

當 당할(마땅히) 당, 無 없을(~하지 마라) 무, 所 바 소.
賤 천할 천, 蔑 업신여길 멸, 恃 믿을 시, 勇 날쌜 용, 輕 가벼울 경.

正己篇 4

馬援曰　聞人之過失이어든　如聞父母之名하여
마원왈, 문인지과실   여문부모지명

耳可得聞이언정　口不可言也니라.
이가득문   구불가언야

마원(馬援)이 말하였다.

남의 허물을 듣거든 내 부모의 이름을 들은 듯이 하여 귀로는 들을지언정 입으로는 말하지 말지니라.

참고 과실(過失) : 허물. 여문부모지명(如聞父母之名) : 부모의 이름을 듣는 것과 같이 한다. 부모의 이름을 부르는 것을 듣기는 해도 자신의 입으로 부르지는 못한다.

得 얻을(깨달을) 득, 聞 들을 문.

正己篇 5

康節邵先生이 曰 聞人之謗이라도　未嘗怒하며　聞
강절소선생   왈, 문인지방   미상노   문

人之譽라도　未嘗喜하며　聞人之惡이라도　未嘗和하
인지예   미상희   문인지악   미상화

며　聞人之善이면　則就而和之하고　又從而喜之니
      문인지선   즉취이화지   우종이희지

라　其詩曰　樂見善人하고　樂聞善事하며　樂道善
      기시왈   낙견선인   낙문선사   낙도선

言하고　樂行善意하라　聞人之惡이어든　如負芒刺하
언   낙행선의   문인지악   여부망자

고 **聞人之善**이어든 **如佩蘭蕙**니라.
　　문 인 지 선　　　여 패 난 혜

강절 소선생이 말하였다.

남이 나를 훼방하는 말을 듣더라도 성내지 말며, 남이 나를 칭찬하는 말을 듣더라도 기뻐하지 말며, 남의 악행을 들어도 이에 동조하지 말며, 남의 선행을 듣거든 함께 나아가 어울리고 또 따라 기뻐할지니라.

또 시(詩)에 이렇게 말하였다.

착한 사람 보기를 즐거워하고
착한 일 듣기를 즐거워하며
착한 말하기를 즐거워하고
착한 뜻 행하기를 즐거워하라.
남의 허물을 듣거든
가시를 등에 진 듯이 껄끄럽게 여기고,
남의 착함을 듣거든
난초와 혜초를 몸에 지닌 듯이 여겨라.

참고 방(謗) : 비방, 즉 나쁘다고 비평하는 소리. 미상노(未嘗怒) : 전혀 성내지 않는다. 예(譽) : 칭찬하는 말. 화(和) : 함께 어울려 흉을 보거나 욕을 하다. 부화뇌동(附和雷同)하는 것. 종(從) : 따라서. 난혜(蘭蕙) : 난초(蘭草)와 혜초(蕙草). 난초가 향기를 풍기듯이 군자는 덕을 주변 사람에게 풍겨야 한다는 뜻. 망자(芒刺) : 까끄라기와 가시 같은 것.

謗 헐뜯을 방, 未 아닐 미, 嘗 맛볼 상, 怒 성낼 노, 譽 기릴 예,
喜 기쁠 희, 和 화할 화, 善 착할 선, 就 이룰 취, 又 또 우, 從 좇을 종,
樂 즐길 락, 事 일 사, 道 말할 도, 意 뜻 의, 負 질 부, 芒 까끄라기 망,
刺 가시 자, 如 같을 여, 佩 찰 패, 蘭 난초 란, 蕙 혜초 혜.

正己篇 6

道吾善者는 是吾賊이요 道吾惡者는 是吾師니라.

나를 착하다고 말하여 주는 사람은 곧 내게 해로운 사람이요, 나를 나쁘다고 말하여 주는 사람은 곧 나의 스승이니라.

正己篇 7

太公이 曰, 勤爲無價之寶요 愼是護身之符니라.

태공이 말하였다.
부지런함은 값이 없는(헤아릴 수 없는) 보배요, 조심함은 몸을 보호하는 부적(신표)이니라.

道 길(말하다) 도, 吾 나 오, 善 착할 선, 賊 도둑 적, 師 스승 사.
勤 부지런할 근, 寶 보배 보, 愼 삼갈 신, 護 보호할 호, 符 부신 부.

正己篇 8

景行錄에 曰, 保生者는 寡慾하고 保身者는 避名이니 寡慾은 易나 無名은 難이니라.

「경행록」에 이르기를,

삶을 잘 보전하려는 자는 욕심이 적고, 몸을 잘 보전하려는 자는 이름을 피해야 하니, 욕심을 없게 하기는 쉬우나 이름(명예) 없기는 어려우니라.

> **참고** 보생(保生) : 삶을 잘 간직함. 과욕(寡慾) : 욕심을 적게 함. 피명(避名) : 명예를 얻거나 이름나기를 피함. 무명(無名) : 이름이나 공적을 나타내지 않음.

保 지킬 보, 寡 적을 과, 避 피할 피, 易 쉬울 이, (바꿀 역), 難 어려울 난.

正己篇 9

子曰 君子有三戒하니 少之時엔 血氣未定이라 戒
자왈, 군자유삼계 소지시 혈기미정   계
之在色하고 及其壯也하여는 血氣方剛이라 戒之在
지재색   급기장야   혈기방강   계지재
鬪하고 及其老也하여는 血氣旣衰라 戒之在得이니라.
투   급기로야   혈기기쇠 계지재득

공자께서 말씀하셨다.

군자는 세 가지 경계할 것이 있으니, 어릴 적에는 혈기가 아직 성숙되지 않은지라 여색을 경계하고, 장성함에 이르러는 혈기가 바야흐로 강성하니 다툼을 경계하고, 몸이 늙음에 이르러서는 혈기가 이미 쇠한지라 탐욕을 경계해야 하느니라.

> **참고** 계지재색(戒之在色) : 경계하는 것이 색에 있다. 방강(方剛) : 마냥 세차고 강하다. 득(得) : 재물이나 명예를 얻으려는 욕심.

戒 경계할 계, 血 피 혈, 氣 기운 기, 定 정할 정, 色 빛 색, 及 미칠 급, 壯 씩씩할 장, 剛 군셀 강, 鬪 싸움 투, 旣 이미 기, 衰 쇠할 쇠.

正己篇 10

孫眞人養生銘에 云하였으되,
손 진 인 양 생 명　　　운

怒甚偏傷氣요 思多太損神이라
노 심 편 상 기　　사 다 태 손 신

神疲心易役이요 氣弱病相因이라
신 피 심 이 역　　 기 약 병 상 인

勿使悲歡極하고 當令飮食均하라
물 사 비 환 극　　 당 령 음 식 균

再三防夜醉하고 第一戒晨嗔하라.
재 삼 방 야 취　　 제 일 계 신 진

손진인(孫眞人)의 「양생명(養生銘)」에 이르기를,
노여움(성냄)이 심하면 기력을 상하고
생각이 번잡하면 정신을 크게 손상한다.
정신이 피로하면 마음이 쉽게 지치고
기력이 약하면 병이 따라서 생긴다.
슬픔과 즐거움에 지나치지 말고
마땅히 음식을 고르고 일정하게 하라.
밤에 술 취하는 일을 거듭 삼가고
새벽에 화내는 일을 제일(가장) 경계하라.

참고 손진인 양생명(孫眞人養生銘): 손진인(孫眞人)이란 도가(道家)에 속하는 사람이다. 이름은 알려지지 않았음. 양생(養生)이란 몸과 마음을 건강하게 길러서 오래 살기를 꾀하는 것이니, 「양생명」이란 곧 양생하는 계명(戒銘)을 말한다. 명(銘): 마음에 새기다. 노심(怒心): 화를 심하게 내다. 사다(思多): 잡된 생각이 많으면. 당령(當令) : 마땅히 ~하게 하다.

怒 성낼 노. 甚 심할 심. 偏 치우칠 편. 傷 상처 상. 損 덜 손. 神 정신 신.
疲 지칠 피. 役 부릴 역. 弱 약할 약. 病 병 병. 相 서로 상. 因 인할 인.
悲 슬플 비. 歡 기뻐할 환. 極 다할 극. 當 마땅할 당. 令 영령 령. 均 고를 균.
醉 취할 취. 第 차례 제. 戒 경계할 계. 晨 새벽 신. 嗔 성낼 진.

正己篇 11

景行錄에 曰,
경 행 록   왈

食淡精神爽이요 心淸夢寐安이니라.
식 담 정 신 상   심 청 몽 매 안

「경행록」에 이르기를,
 음식이 담박하면 정신이 상쾌하고, 마음이 맑으면 꿈과 잠자리가 편안하니라.

참고 식담(食淡) : 먹는 것이 담박하다. 심청(心淸) : 마음이 맑다.

淡 담박할 담. 精 정미 정. 爽 시원할 상. 夢 꿈 몽. 寐 잠잘 매.

正己篇 12

定心應物하면 雖不讀書라도 可以爲有德君子니
정 심 응 물   수 부 독 서   가 이 위 유 덕 군 자
라.

 마음을 안정되게 가져 사물에 대응해 간다면, 비록 책을 읽지 않

았더라도 덕을 가진 군자라 할 수 있느니라.

> **참고** 정심(定心) : 마음을 안정하는 것. 응물(應物) : 사물(事物)에 응하는 것.
> 군자(君子) : 학식과 덕행이 높은 사람.

定 정할 정, 心 마음 심, 應 응할 응, 物 만물 물, 雖 비록 수, 讀 읽을 독,
書 글 서, 爲 할 위, 有 있을 유, 德 덕 덕.

正己篇 13

近思錄에 云하였으되,
근 사 록   운

懲忿을 如救火하고 窒慾을 如防水하라.
징 분   여 구 화   질 욕   여 방 수

「근사록」에 이르기를,
  분심(忿心) 누르기를 불 끄듯이 하고, 욕심 막기를 새는 물구멍 막듯이 하라.

> **참고** 근사록(近思錄) : 송(宋)나라 때 주자와 그의 제자 여조겸(呂祖謙)이 함께 지은 책. 사람이 교양을 높이고 처세를 바르게 하며 양생(養生)을 하는 데 있어서 필요한 금언(金言) 622조목을 추려내어 14부(部)로 분류한 것이다.
> 징분(懲忿) : 분한 마음을 일으키지 않도록 하는 것.

懲 징계할 징, 忿 성낼 분, 如 같을 여, 救 건질 구, 窒 막을 질,
慾 욕심 욕, 防 둑(막다) 방.

正己篇 14

夷堅志에 云하였으되, 避色을 如避讐하고 避風을 如避箭하며 莫喫空心茶하고 少食中夜飯하라.

「이견지」에 이르기를,

여색(女色) 피하기를 원수 피하듯이 하고, 바람 피하기를 화살 피하듯이 하며, 빈 속에 차를 마시지 말고, 밤중에 밥을 가볍게 들어라.

> **참고** 이견지(夷堅志) : 송(宋)나라 때 홍매(洪邁)가 엮은 설화집. 송나라 초기부터 그가 살아 있던 당시까지의 민간에서 일어난 이상한 사건이나 괴담(怪談)을 모은 책으로서, 모두 420권이었으나 약 절반만이 후세에 전해짐.
> 공심(空心) : 빈 속. 끽(喫) : 먹는다, 또는 마신다.

避 피할 피, 讐 원수 수, 風 바람 풍, 箭 화살 전, 莫 말 막, 喫 마실 끽, 空 빌 공, 茶 차 다, 食 밥 식, 夜 밤 야, 飯 밥 반.

正己篇 15

荀子曰 無用之辯과 不急之察을 棄而勿治하라.

순자가 말하였다.
쓸데없는 말과 급하지 않은 일은 버려두고 참견하지 마라.

> **참고** 순자(荀子) : B.C. 298~238. 이름은 황(況), 전국시대 말기 조(趙)나라 사람.

자하(子夏)의 학파에 속하는 유학자임. 맹자의 성선설(性善說)에 대하여 인간의 본성은 악한 것이라는 성악설(性惡說)을 주장하였음. 법가(法家)인 한비자(韓非子)나 진시황 때 정치가이며 문인으로 이름 높았던 이사(李斯) 등이 모두 그의 문인(門人)임. 저서로는 「순자(荀子)」가 있다. 순황(荀況), 순경(荀卿). 또는 손경(孫卿) 등의 이름으로 여러 책에 실려 있다.

用 쓸 용, 辯 말잘할 변, 急 급할 급, 察 살필 찰, 棄 버릴 기, 勿 말 물, 治 다스릴 치.

正己篇 16

子曰, 衆이 好之라도 必察焉하며 衆이 惡之라도 必察焉이니라.
자왈, 중 호지   필찰언   중 오지   필찰언

공자께서 말씀하셨다.
여러 사람이 좋아하더라도 반드시 살펴보아야 하며, 여러 사람이 미워하더라도 반드시 살펴보아야 하느니라.

 참고 호지(好之) : 좋아하다. 오지(惡之) : '惡'은 음이 '오'로 미워한다는 뜻.

衆 무리 중, 好 좋을 호, 必 반드시 필, 察 살필 찰, 惡 미워할 오, 나쁠 악.

正己篇 17

酒中不語는 眞君子요 財上分明은 大丈夫니라.
주중불어   진군자   재상분명   대장부

술 취한 중에도 말이 없는 것은 참다운 군자요, 재물 거래에 대한

셈이 분명한 것은 대장부니라.

眞 참 진, 財 재물 재, 丈 어른 장, 夫 지아비 부.

正己篇 18

萬事從寬이면 其福自厚니라.
만 사 종 관   기 복 자 후

모든 일을 너그럽게 처리하면 그 복이 저절로 두터워지느니라.

참고 종관(從寬) : 침착하고 관대하다. 기복(其福) : 그에 따르는 복.

從 좇을 종, 寬 너그러울 관, 福 복 복, 自 스스로 자, 厚 두터울 후.

正己篇 19

太公이 曰, 欲量他人이거든 先須自量하라 傷人之
태공   왈   욕량타인   선수자량   상인지
語는 還是自傷이니 含血噴人이면 先汚其口니라.
어   환시자상   함혈분인   선오기구

태공이 말하였다.
　남을 헤아려 보려거든 먼저 자신을 헤아려 보라. 남을 해치는 말은 오히려 자신을 해치는 것이니, 피를 머금어 남에게 뿌리면 먼저 자신의 입을 더럽히느니라.

참고 자량(自量) : 자기 자신을 헤아려 봄. 환시(還是) : 도리어. 자상(自傷) : 자

신을 상하게 함.

量 헤아릴 량, 須 모름지기 수, 傷 상처 상, 還 돌아올 환,
含 머금을 함, 血 피 혈, 噴 뿜을 분, 汚 더러울 오.

正己篇 20

凡戲는 **無益**이요 **惟勤**이 **有功**이니라.
범 희   무 익   유 근   유 공

모든 놀이는 유익한 것이 없고, 오직 부지런함이 공(功)이 있느니라.

참고 유공(有功) : 공적을 내다. 보람이 있다.

凡 무릇 범, 戲 놀다(희롱할) 희, 益 이익 익, 惟 오직 유, 勤 부지런할 근.

正己篇 21

太公이 **曰**,
태 공   왈

瓜田에 **不納履**하고 **李下**에 **不整冠**이니라.
과 전   불 납 리   이 하   불 정 관

태공이 말하였다.
남의 외 밭을 지나갈 때에는 신을 고쳐 신지 말고, 남의 오얏나무 밑에서는 모자를(갓을) 고쳐 쓰지 말라.

참고 과전(瓜田) : 참외나 오이밭. 납리(納履) : 신을 신는 것. 여기에서는 고쳐

신는다로 해석됨. '부정관(不整冠)'이 '不正冠'으로도 되어 있으나 여기서는 '整'으로 함.

瓜 오이 과, 納 바칠 납, 履 신 리, 李 오얏 리, 整 가지런할 정, 冠 갓 관.

正己篇 22

景行錄에 曰, 心可逸이언정 形不可不勞요 道可樂이언정 身不可不憂니 形不勞則怠惰易弊하고 身不憂則荒淫不定이라 故로 逸生於勞而常休하고 樂生於憂而無厭하나니 逸樂者는 憂勞를 豈可忘乎아.

「경행록」에 이르기를,

마음은 편할지언정 육신(형체)은 노력하지 않을 수 없고, 도(道)는 즐겨야할지언정 몸은 근심하지 않을 수 없으니, 육신이 노력하지 않으면 게을러져서 허물어지기 쉽고, 몸이 근심하지 않으면 주색에 빠져서 안정되지 못한다. 그러므로 편안함은 수고로움에서 생겨 항상 기쁘고, 즐거움은 근심하는 데서 생겨 싫음이 없나니, 편안하고 즐거운 자는 근심과 수고로움을 어찌 잊을 수 있겠는가?

참고 이폐(易弊) : 폐(弊)를 무너지는 걸로 해석해서 허물어지기 쉽다는 뜻.
황음(荒淫) : 주색에 빠지는 것. 휴(休) : 쉬다. 기쁨. 아름다움.

무염(無厭) : 싫음이 없는 것.

可 옳을 가, 逸 편안할 일, 勞 힘쓸 로, 樂 즐길 락, 憂 근심할 우,
怠 게으를 태, 惰 게으를 타, 弊 해질 폐, 荒 거칠 황,
淫 음란할 음, 厭 싫을 염, 豈 어찌 기.

正己篇 23

耳不聞人之非하고 目不視人之短하며 口不言
이불문인지비   목불시인지단   구불언

人之過라야 庶幾君子니라.
인지과   서기군자

귀로는 남의 그릇됨을 듣지 아니하고, 눈으로는 남의 단점을 보지 아니하며, 입으로 남의 허물을 말하지 않아야 거의 군자에 가까우니라.

참고 서기(庶幾) : 거의, 또는 바란다의 뜻으로, 서기군자(庶幾君子)란 거의 군자에 가깝다로 풀이됨.

視 볼 시, 短 짧을 단, 過 지날, 허물 과, 庶 여러 서, 幾 기미 기.

正己篇 24

蔡伯喈曰, 喜怒는 在心하고 言出於口하나니 不可
채백개왈, 희노   재심   언출어구   불가

不愼이니라.
불신

채백개가 말하였다.

기뻐하고 노여워하는 것은 마음속에 있고, 말은 그것을 입 밖으로 내뱉는 것이니 삼가지 않으면 안 되느니라.

> **참고** 채백개(蔡伯喈) : 이름은 옹(邕), 자(字)가 백개(伯喈)임. 후한(後漢) 영제(靈帝) 때의 학자. '영자팔법(永字八法)'을 고안했다.

喜 기쁠 희, 怒 성낼 노, 於 어조사 어, 愼 삼갈 신.

正己篇 25

宰予晝寢이어늘 子曰 朽木은 不可雕也요 糞土
재여주침   자왈 후목   불가조야   분토

之墻은 不可圬也니라.
지장   불가오야

재여(宰予)가 낮잠 자는 것을 보고, 공자께서 말씀하셨다.

썩은 나무에는 조각하지 못하고, 썩은 흙으로 쌓은 담은 흙손질하지 못하느니라.

> **참고** 재여(宰予) : 춘추시대의 노(魯)나라 사람. 자는 자아(子我), 재아(宰我)라고도 함. 공문십철(孔門十哲)의 한 사람이며, 자공(子貢)과 함께 언변(言辯)에 능하였음. 주침(晝寢) : 낮잠. 분토(糞土) : 분(糞)은 똥의 뜻이니, 썩은 흙으로 풀이됨. 오(圬) : 흙손질하는 것.

寢 잠잘 침, 朽 썩을 후, 雕 새길 조, 糞 똥 분, 墻 담 장, 圬 흙손질할 오.

正己篇 26

紫虛元君 誠諭心文에 曰,

福生於淸儉하고 德生於卑退하고 道生於安靜하고 命生於和暢하니라 憂生於多慾하고 禍生於多貪하고 過生於輕慢하고 罪生於不仁이니라 戒眼하여 莫看他非하고 戒口하여 莫談他短하고 戒心하여 莫自貪嗔하고 戒身하여 莫隨惡伴하라 無益之言을 莫妄說하고 不干己事를 莫妄爲하라 尊君王 孝父母하며 敬尊長 奉有德하고 別賢愚 恕無識하라 物順來而勿拒하고 物旣去而勿追하며 身未遇以勿望하고 事已過而勿思하라 聰明도 多暗昧요 算計도 失便宜니라 損人終自失이요 依勢禍相隨라 戒之在心하고 守之在氣라 爲不節而亡家하고 因不廉而失位니라 勸君自警於平生하노니 可歎

可驚而可畏니라 上臨之以天鑑하고 下察之以
가경이가외   상림지이천감   하찰지이

地祇라 明有三法相繼하고 暗有鬼神相隨라 惟
지기   명유삼법상계   암유귀신상수   유

正可守요 心不可欺니 戒之戒之하라.
정가수   심불가기   계지계지

  자허원군의 「성유심문」에 이르기를,
  복(福)은 맑고 검소한 데서 생기고, 덕(德)은 몸을 낮추고 겸손한 데서 생기고, 도(道)는 편안하고 고요한 데서 생기고, 생명(生命)은 화창(和暢)한 데서 생기느니라.
  근심은 욕심이 많은 데서 생기고, 재앙은 탐(貪)하는 마음이 많은 데서 생기고, 과실(過失)은 경솔하고 교만한 데서 생기고, 죄악(罪惡)은 어질지 못한 데서 생기느니라.
  눈을 경계하여 다른 사람의 그릇된 것을 보지 말고, 입을 경계하여 다른 사람의 결점을 말하지 말고, 마음을 경계하여 탐내고 성내지 말고, 몸을 경계하여 나쁜 벗을 따르지 말라.
  유익하지 않은 말을 함부로 하지 말고, 내게 관계없는 일은 함부로 간여하지 말라.
  군왕(君王)을 높이고, 부모에게 효도하며, 존장(尊長)을 공경하고, 덕이 있는 이를 받들며, 어진 이와 어리석은 이를 분별하고, 무식한 자를 용서하라.
  물건이 순리(順理)로 오거든 물리치지 말고, 물건이 이미 지나갔거든 뒤쫓지 말며, 몸이 불우(不遇)에 처했더라도 바라지 말고, 일이 이미 지나갔거든 생각지 말라.
  총명한 사람도 어두운 때가 많고, 계획을 잘 세워도 편의(便宜)를 잃는 수가 있다. 남을 손상(損傷)하면 마침내 자기를 손상하게 되고, 세력에 의존하면 재앙이 서로 따르느니라. 경계하는 것은 마음에 있고, 지키는 것은 기운에 있다. 절약하지 않음으로써 집을 망치고, 청렴하지 않음으로써 지위(地位)를 잃느니라.

　그대에게 평생을 두고 스스로 경계하기를 권고하노니, 탄식할 만하고 놀랄 만하고 두려워할 만하니라. 위에는 하늘의 거울이 내려보고 있고, 아래에는 땅의 신령이 살피고 있느니라. 밝은 곳에는 삼법(三法)이 서로 이어져 있고, 어두운 곳에는 귀신이 서로 따르고 있느니라. 오직 바른 도리를 지킬 것이요, 양심을 속이지 말 것이니, 이의 가르침을 경계하고 경계하라.

참고

자허원군(紫虛元君) : 도가(道家)에서 높이는 여자 신선. 남자 신선은 진군(眞君)이라 부른다. 이름이나 연대는 분명치 않음. '자허'란 '하늘'을 뜻하는데, 햇빛을 받은 하늘은 자줏빛을 띤다고 하여 '자허'라고 함. 성유심문(誠諭心文) : 정성껏 마음을 깨우치는 글. 유(諭)는 고한다로 풀이됨. 비퇴(卑退) : 비(卑)는 몸을 낮추는 것, 퇴(退)는 겸손한 것. 화창(和暢) : 마음씨가 부드럽고 밝은 것. 우생(憂生)이 患生으로도 되어 있으나 같은 뜻임. 경만(輕慢) : 경솔하고 교만한 것. 계안(戒眼) : 눈을 경계하는 것. 탐진(貪嗔) : 탐내고 성내는 것. 망설(妄說) : 함부로 말하는 것. 불간기사(不干己事) : 간(干)은 여기서는 관계되는 것. 기사(己事)는 자기 일. 즉 자기에게 관계없는 일. 순래(順來) : 순리(順理)로 오는 것. 미우(未遇) : 불우(不遇)한 처지에 놓이는 것. 지기(地祇) : 기(祇)는 땅귀신, 지신(地神)을 뜻한다. 즉 땅의 신령. 삼법(三法) : 경(輕), 중(中), 중(重)의 세 가지 율법.

　福 복 복, 儉 검소할 검, 卑 낮을 비, 靜 고요할 정, 暢 펼 창, 憂 근심 우,
　慾 욕심 욕, 貪 탐할 탐, 慢 게으를 만, 罪 허물 죄, 仁 어질 인,
戒 경계할 계, 嗔 성낼 진, 隨 따를 수, 伴 짝 반, 益 이득 익, 妄 허망할 망,
說 말씀 설, 干 방패 간, 尊 높을 존, 孝 효도 효, 敬 공경할 경, 奉 받들 봉,
別 나눌 별, 賢 어질 현, 愚 어리석을 우, 恕 용서할 서, 識 알 식, 順 순할 순,
　拒 막을 거, 旣 이미 기, 遇 만날 우, 望 바랄 망, 聰 귀 밝을 총,
昧 어두울 매, 便 편할 편, 勢 기세 세, 戒 경계할 계, 守 지킬 수,
節 마디 절, 因 인할 인, 廉 청렴할 렴, 勸 권할 권, 君 그대 군,
警 경계할 경, 歎 탄식할 탄, 驚 놀랄 경, 畏 두려워할 외, 臨 임할 림,
鑑 거울 감, 察 살필 찰, 祇 토지신 기, 繼 이을 계, 鬼 귀신 귀,
　神 신령 신, 惟 오직 유, 欺 속일 기.

안분편(安分篇)
자기의 분수에 만족하라.

安分篇 1

景行錄에 云하였으되,
경 행 록　　운

知足可樂이나 務貪則憂니라.
지 족 가 락　　무 탐 즉 우

「경행록」에 이르기를,
　만족함을 알면 즐거울 수 있으나, 탐욕에 힘쓰면 근심과 걱정이 생기느니라.

　참고　안분(安分): 하늘에 의해 주어진 자기의 분수에 만족함이다.
　　　　　지족(知足): 족한 것을 알다. 무탐(務貪): 탐욕(貪慾)에 힘쓰다.

足 만족할 족. 務 힘쓸 무. 貪 탐할 탐. 則 곧 즉. 憂 근심할 우.

安分篇 2

知足者는 貧賤亦樂하고 不知足者는 富貴亦憂니
지 족 자　　빈 천 역 락　　　　부 지 족 자　　부 귀 역 우
라.

　만족할 줄 아는 사람은 가난하고 천하여도 즐거워하고, 만족할 줄을

모르는 사람은 부자되고 귀해졌어도 걱정스럽기만 하느니라.

**참고** 지족자(知足者) : 만족할 줄 아는 사람. 빈천(貧賤) : 가난하고 천하다.

貧 가난할 빈, 賤 천할 천, 亦 또 역, 富 부할 부, 貴 귀할 귀.

安分篇 3

濫想은 徒傷神이요 妄動은 反致禍니라.
남상 도상신   망동   반치화

지나친 생각은 다만 정신을 상하게 할 뿐이요, 망령된 행동은 도리어 재앙을 부르느니라.

**참고** 남상(濫想) : 남(濫)은 함부로, 또는 정도에 넘치는 것 등으로 풀이된다. 여기서는 쓸데없는 생각, 허황된 생각. 도(徒) : 다만.

濫 넘칠 람, 徒 (다만)무리 도, 傷 상처 상, 妄 허망할 망, 反 되돌릴 반.

安分篇 4

知足常足이면 終身不辱하고 知止常止면 終身無
지족상족   종신불욕   지지상지   종신무

恥니라.
치

만족함을 알아 항상 만족하면 평생토록 욕됨이 없고, 그칠 줄을 알아 항상 멈추면 평생토록 부끄러움이 없느니라.

참고 종신(終身) : 평생을 두고 몸이 죽을 때까지. 지족(知足) : 족할 줄 아는 것. 만족을 아는 것. 무치(無恥) : 부끄러움이 없다.

常 항상 상. 終 끝날 종. 辱 욕될 욕. 止 머물 지. 恥 부끄러워할 치.

安分篇 5

書經에 曰 滿招損하고 謙受益이니라.
서경 왈, 만초손 겸수익

「서경」에 이르기를,
가득 차면 손실을 부르고, 겸손하면 이익을 얻느니라.

참고 서경(書經) : 삼경 또는 오경의 하나. 중국의 요순(堯舜)에서부터 주나라 때까지의 정사(政事)에 관한 문서를 수집하여 공자(孔子)가 편찬한 책.

滿 찰 만. 招 부를 초. 損 덜 손. 謙 겸손할 겸. 受 받을 수. 益 더할 익.

安分篇 6

安分吟에 曰, 安分身無辱이요 知機心自閑이라
안분음 왈, 안분신무욕 지기심자한

雖居人世上이나 却是出人間이니라.
수거인세상 각시출인간

「안분음」에 이르기를,
분수에 만족(편안)하면 몸이 욕됨이 없고, 기미(천기)를 알면 마음이 절로 한가하니라. 비록 속된 세상에 살더라도 오히려 인간 세상을 벗어나야 하느니라.

> **참고** 안분음(安分吟) : 송(宋)나라 소옹(邵雍)이 지은 시. 「격양시(擊壤詩)」라고도 함. 안분(安分) : 편안한 마음으로 분수를 지킨다는 뜻이다. 격양집(擊壤集) : 송나라 때 소옹(邵雍)이 지은 시집. 위 글은 「격양집(擊壤集)」에 실린 시. 지기(知機) : 세상일의 돌아가는 기틀을 안다. 각시(却是) : 도리어.

吟 읊을 음, 辱 욕 욕, 知 알 지, 機 틀(천기) 기, 閑 한가할 한, 雖 비록 수, 居 있을 거, 世 세상 세, 却 도리어 각.

安分篇 7

子曰, 不在其位면 不謀其政이니라.
자 왈, 부 재 기 위 불 모 기 정

공자께서 말씀하셨다.
그 자리에 있지 않으면 그 정사를 도모하지 말지니라.

> **참고** 부재기위(不在其位) : 그 직위에 있지 않으면. 불모기정(不謀其政) : 그 직위에서 행할 정사를 논하거나 꾀하지 마라.

不 아닐 불(부), 在 있을 재, 其 그 기, 位 자리 위, 謀 꾀할 모, 政 정사 정.

존심편(存心篇)
바르고 착한 마음을 간직하라.

景行錄에 云하였으되, 坐密室을 如通衢하고 馭寸
경 행 록   운   좌밀실   여통구   어촌
心을 如六馬하면 可免過니라.
심   여육마   가면과

「경행록」에 이르기를,
　밀실에 앉아있더라도 마치 네거리로 통한 것처럼 생각하고, 작은 마음을 제어하기를 마치 여섯 필의 말을 부리듯 하면 허물을 면할 수 있느니라.

　　참고　밀실(密室) : 아무도 보지 않는 비밀스런 방. 통구(通衢) : 구(衢)는 거리의 뜻. 사방으로 통하는 큰 길, 즉 네거리. 육마(六馬) : 옛날 천자가 타고 다니는 수레는 여섯 필의 말이 끌었다.

密 은밀할 밀, 衢 네거리 구, 馭 말부릴 어, 免 면할 면, 過 허물 과.

擊壤詩에 云하였으되, 富貴를 如將智力求라면 仲
격양시   운   부귀   여장지력구   중
尼年少合封侯라 世人은 不解靑天意하고 空使
니연소합봉후   세인   불해청천의   공사

身心半夜愁니라.
신 심 반 야 수

「격양시」에 이르기를,
　부귀를 만일 지혜나 힘으로 얻을 수 있다면, 공자(중니)는 젊은 나이에 마땅히 제후(諸侯)에 봉해졌을 것이다. 세상 사람들은 푸른 하늘의 뜻도 모르고, 부질없이 몸과 마음으로 하여금 한밤중에 슬퍼하고 고민을 하느니라.

> **참고** 격양시(擊壤詩) : 송(宋)나라 때 소옹(邵雍)이 지은 시. 중니(仲尼) : 공자의 자(字). 공자의 모친 안씨(顔氏)가 이산(尼山)에서 기도를 올리고 낳았다.
> 사신심수(使身心愁) : (허황되게) 몸과 마음을 괴롭힌다.

如 만약 여, 智 슬기 지, 封 봉할 봉, 侯 제후 후, 解 풀 해, 愁 시름 수.

范忠宣公이 戒子弟曰, 人雖至愚나 責人則明하고
범충선공　　계자제왈,　인수지우　책인즉명

雖有聰明이나 恕己則昏이라 爾曹는 但當(常)
수유총명　　서기즉혼　　이조　단당 상

以責人之心으로 責己하고 恕己之心으로 恕人이면
이책인지심　　책기　　　서기지심　　서인

則不患不到聖賢地位也니라.
즉불환부도성현지위야

　범충선공(范忠宣公)이 자제를 훈계하여 말하였다.
　사람이 비록 지극히 어리석으나 남을 꾸짖는 데는 밝고, 비록 총명함이 있으나 자기를 용서함에는 어두우니라.

너희들은 마땅히(항상) 남을 꾸짖는 마음으로 자신을 꾸짖고, 자신을 용서하는 마음으로 남을 용서한다면 성현(聖賢)의 경지에 이르지 못함을 걱정하지 않아도 되느니라.

참고 범충선공(范忠宣公) : 북송(北宋) 철종(哲宗) 때의 재상. 학문과 덕이 높았다. 순인(純仁), 시호(諡號)는 충선(忠宣). 이조(爾曹) : 조(曹)는 무리의 뜻. 너희 무리. 단당(但當) : 오직 마땅히 ~해야 한다.

責 꾸짖을 책, 聰 귀 밝을 총, 恕 용서할 서, 昏 어두울 혼, 爾 너 이,
曹 무리 조, 患 근심 환, 聖 성스러울 성, 賢 어질 현.

存心篇 4

子曰 聰明思睿라도 守之以愚하고 功被天下라도
자왈, 총명사예   수지이우   공피천하

守之以讓하고 勇力振世라도 守之以怯하고 富有
수지이양   용력진세   수지이겁   부유

四海라도 守之以謙이니라.
사해   수지이겸

공자께서 말씀하셨다.
총명하고 생각이 밝더라도 자신의 어리석음으로써 지켜야 하고, 공(功)이 천하에 미쳤더라도 사양함으로써 지켜야 하고, 용맹스런 힘이 온 세상에 떨쳤어도 겁냄으로써 지켜야 하고, 천하를 소유한 부자라도 겸손한 마음으로써 지켜야 하느니라.

참고 사예(思睿) : 예(睿)는 밝다는 뜻으로, 여기서는 생각이 뛰어난 것.

睿 깊고 밝을 예, 愚 어리석을 우, 讓 사양할 양, 勇 날쌜 용,
振 떨칠 진, 怯 겁낼 겁, 謙 겸손할 겸.

存心篇 5

素書에 **云**하였으되, **薄施厚望者**는 **不報**하고 **貴而忘賤者**는 **不久**니라.

「소서」에 이르기를,
　작게 베풀고서 크게 바라는 이에게는 보답이 없고, 몸이 귀하게 되고서 천했던 때를 잊은 자는 오래가지 못하느니라.

>  참고　소서(素書) : 진(秦)나라 말기의 병가(兵家)인 황석공(黃石公)이 장량(張良)에게 전해 준 병서(兵書) 이름. 박시(薄施) : 박하게(작게) 베푸는 것. 망천(忘賤) : 불우했던 시절을 잊는 것.

薄 엷을 박. 施 베풀 시. 厚 두터울 후. 報 갚을 보. 賤 천할 천.

存心篇 6

施恩이어든 **勿求報**하고 **與人**이어든 **勿追悔**하라.

　은혜를 베풀었거든 보답을 바라지 말고, 남에게 주었거든 뒤에 뉘우쳐 아깝다 여기지 말라.

勿 말 물. 報 갚을 보. 與 줄 여. 追 쫓을 추. 悔 뉘우칠 회.

存心篇 7

孫思邈이 曰 膽欲大而心欲小하고 知欲圓而行欲方이니라.
손사막 왈, 담욕대이심욕소 지욕원이행욕방

손사막(孫思邈)이 말하였다.
담력(膽力)은 크고자 하되 마음가짐은 섬세하게 하고, 지혜는 둥글고자 하되 행동은 방정(方正)해야 하느니라.

 손사막(孫思邈) : 당(唐)나라 때 이름 높았던 의원(醫員). 담(膽) : 담력(膽力). 원(圓) : 둥근 것. 원만한 것. 방(方) : 방정(方正)한 것.

邈 멀 막. 膽 쓸개 담. 欲 하고자 할 욕. 圓 둥글 원. 方 모 방.

存心篇 8

念念要如臨戰日하고 心心常似過橋時니라.
염념요여림전일 심심상사과교시

생각과 생각은 싸움터에 나가는 날처럼 조심하고, 마음과 마음은 항상 외나무다리를 건널 때와 같이 해야 하느니라.

念 생각할 념. 臨 임할 림. 戰 싸울 전. 似 같을 사. 橋 다리 교.

存心篇 9

懼法이면 **朝朝樂**이요 **欺公**이면 **日日憂**니라.
구 법   조 조 락   기 공   일 일 우

　법을 두려워하면 아침마다 즐겁고, 옳은 일을 속이면 날마다 근심하게 되느니라.

懼 두려워할 구, 法 법 법, 樂 즐거울 락, 欺 속일 기, 憂 근심할 우.

存心篇 10

朱文公이 **曰, 守口如瓶**하고 **防意如城**하라.
주 문 공   왈, 수 구 여 병   방 의 여 성

　주문공[주자(朱子)]이 말하였다.
　입 지키기를 병 막음 같이 하고, 생각(욕심) 지키기는 성을 지키듯이 하라.

참고 주문공(朱文公): 남송(南宋)의 대유(大儒) 주자(朱子)를 말한다. 이름은 희(喜), 자는 원회(元晦) 또는 중회(仲晦), 호는 회암(晦菴) 또는 회옹(晦翁).

守 지킬 수, 瓶 병 병, 防 막을 방, 城 성 성.

存心篇 11

心不負人이면 **面無慙色**이니라.
심 불 부 인   면 무 참 색

마음속으로 남을 저버리지 않으면 얼굴에 부끄러운 빛이 없느니라.

負 등질·저버릴 부, 無 없을 무, 慙 부끄러울 참, 色 빛 색.

存心篇 12

人無百歲人이나 **枉作千年計**니라.
인 무 백 세 인   왕 작 천 년 계

사람은 백 살을 사는 사람이 없으나(드물지만) 부질없이 천 년의 (욕심을 부리며) 계획을 세우느니라.

百 일백 백, 歲 해 세, 枉 굽을 왕, 作 지을 작, 年 해 년, 計 꾀 계.

存心篇 13

寇萊公六悔銘에 **云**하였으되,
구 래 공 육 회 명   운

官行私曲失時悔하고 **富不儉用貧時悔**니라
관 행 사 곡 실 시 회   부 불 검 용 빈 시 회

藝不少學過時悔하고 **見事不學用時悔**니라
예 불 소 학 과 시 회   견 사 불 학 용 시 회

醉後狂言醒時悔하고 **安不將息病時悔**니라.
취 후 광 언 성 시 회   안 부 장 식 병 시 회

구래공(寇萊公)이 「육회명(六悔銘)」에 이르기를,

벼슬아치가 사사로운 이득을 취하고 부정한 일을 행하면 벼슬을 잃

을 때 후회하고, 부유했을 적에 아껴 쓰지 않으면 가난해졌을 때에 후회하느니라. 젊었을 때 기예(技藝)를 배우지 않으면 시기를 넘기고서 후회하고, 일을 보고 배우지 않으면 필요하게 되었을 때에 후회하느니라. 술 취한 때에 미친 듯이 함부로 말하면 깨어났을 때 후회하고, 몸이 성했을 때 휴식을 취하지 않으면 병들었을 때 후회하느니라.

 구래공(寇萊公) : 자는 평중(平仲), 이름은 준(準), 송(宋)나라의 어진 재상. 요(遼)가 침입했을 때 전주에서 맹약(盟約)을 맺어 시국을 수습하였다. 그 공로로 내국공(萊國公)에 봉해졌기 때문에 구래공(寇萊公)으로 불린다.
육회명(六悔銘) : 여섯 가지 후회될 일을 경계하는 글.

寇 도둑 구, 萊 명아주 래, 悔 뉘우칠 회, 銘 새길 명, 曲 굽을 곡, 儉 검소할 검, 藝 기예 예, 醉 취할 취, 狂 미칠 광, 醒 깰 성, 息 숨쉴 식.

存心篇 14

益智書에 云하였으되,

寧無事而家貧이언정 莫有事而家富요

寧無事而住茅屋이언정 不有事而住金屋이요

寧無病而食麤飯이언정 不有病而服良藥이니라.

「익지서」에 이르기를,
차라리 아무 사고 없이 집이 가난할지언정
사고 있으면서 집이 부자되지 말 것이요,

차라리 아무 사고 없이 초가에 살지언정
사고 있으면서 좋은 집에서 살지 말 것이요,
차라리 병이 없이 거친 밥을 먹을지언정
병이 있으면서 좋은 약을 먹지 말 것이니라.

참고 막유(莫有) : ~하는 일이 없어야 한다. 추반(麤飯) : 거친 잡곡밥, 조밥.

益 더할 익, 寧 편안할 녕(영), 莫 말 막, 茅 띠 모, 屋 집 옥, 金 황금 금, 麤 거칠 추, 飯 밥 반, 服 복용할 복, 良 좋을 량, 藥 약 약.

存心篇 15

心安茅屋穩하고 性定菜羹香이니라.
심 안 모 옥 온   성 정 채 갱 향

마음이 편안하면 초가집도 평온하고, 성품이 안정되면 나물국도 향기로우니라.

참고 모옥(茅屋) : 띠풀집, 초가집. 채갱(菜羹) : 나물국.

穩 평온할 온, 性 성품 성, 菜 나물 채, 羹 국 갱, 香 향기 향.

存心篇 16

景行錄에 云하였으되,
경 행 록   운

責人者는 不全交요 自恕者는 不改過니라.
책 인 자   부 전 교   자 서 자   불 개 과

「경행록」에 이르기를,

남을 잘 꾸짖는 자는 온전한 사귐을 못하고, 자신의 잘못을 용서하는 자는 허물을 고치지 못하느니라.

참고 부전교(不全交) : 사귐을 온전히 할 수 없다. 자서(自恕) : 스스로 용서하다.

責 꾸짖을 책, 交 사귈 교, 恕 용서할 서, 改 고칠 개, 過 허물 과.

存心篇 17

夙興夜寐하여 所思忠孝者는 人不知나 天必知
숙 흥 야 매   소 사 충 효 자   인 부 지   천 필 지

之요 飽食煖衣하여 怡然自衛者는 身雖安이나 其
지   포 식 난 의   이 연 자 위 자   신 수 안   기

如子孫에 何오.
여 자 손   하

아침 일찍 일어나면서부터 밤이 깊어 잠들 때까지 부모에게 효도하고 임금에게 충성하는 자는, 사람들은 알지 못하나 하늘이 반드시 알 것이요, 배불리 먹고 따뜻하게 입고서 안락하게 제 몸만 보호하는 자는 몸은 비록 편안하나 그 자손들은 어찌될 것인가?

참고 숙흥야매(夙興夜寐) : 아침 일찍 일어나고 밤늦게 자는 것. 이 문구(文句)는 사람들에게 일찍 일어나서 종일 부지런히 일할 것을 강조하는 의미로 흔히 쓰여지고 있다. 포식난의(飽食煖衣) : 배불리 먹고 따뜻하게 옷 입는 것. 이연(怡然) : 즐겁게. 자위(自衛) : 자신을 보호하는 것.

夙 일찍 숙, 興 일 흥, 寐 잠잘 매, 忠 충성 충, 孝 효도 효, 飽 배부를 포,
煖 따뜻할 난, 怡 기쁠 이, 衛 지킬 위, 雖 비록 수.

存心篇 18

以愛妻子之心으로 事親이면 則曲盡其孝이요 以保富貴之心으로 奉君이면 則無往不忠이요 以責人之心으로 責己이면 則寡過요 以恕己之心으로 恕人이면 則全交니라.

아내와 자식을 사랑하는 마음으로 어버이를 섬긴다면 그 효도가 극진할 것이요, 부귀를 보전할 마음으로 임금을 받든다면 그 어디에서도 충성되지 않음이 없을 것이요, 남을 책망하는 마음으로 자기를 책망한다면 허물이 적을 것이요, 자기를 용서하는 마음으로 남을 용서한다면 사귐을 온전히 할 수 있을 것이니라.

참고 사친(事親) : 부모님을 섬김. 곡진(曲盡) : 마음과 정성이 지극함. 봉군(奉君) : 임금을 받들다. 과과(寡過) : 허물이나 과실이 적어진다.

以 써 이, 愛 사랑 애, 妻 아내 처, 事 섬길 사, 則 곧 즉, 盡 다할 진, 保 지킬 보, 往 갈 왕, 寡 적을 과, 恕 용서할 서.

存心篇 19

爾謀不臧이면 **悔之何及**이며 **爾見不長**이면 **敎之何益**이리오. **利心專則背道**요 **私意確則滅公**이니라.

네가 도모한 일이 옳지 못했다면 후회한들 무슨 소용이 있겠으며, 네 소견(식견)이 바르지 못하다면 가르친들 무슨 유익함이 있으리오. 이(利)를 생각하는 마음만 오로지 하면 도(道)에 위배되고, 사사로운 생각만 굳어 있으면 공사(公事)를 망치게 되느니라.

爾 너 이, 謀 꾀할 모, 臧 착할 장, 悔 뉘우칠 회, 益 더할 익, 利 이로울 리, 專 오로지 전, 背 등 배, 意 뜻 의, 確 굳을 확, 滅 멸할 멸.

存心篇 20

生事事生이요 **省事事省**이니라.

일을 만들면 일이 생기고, 일을 덜면 일이 줄어지느니라.

生 날 생, 事 일 사, 省 덜(생략할) 생, 살필 성.

계성편(戒性篇)

참고 견디는 자기 수양을 쌓아라.

戒性篇 1

景行錄에 云하였으되, 人性이 如水하여 水一傾則
경행록 운   인성   여수   수일경즉

不可復이요 性一縱則不可反이니 制水者는 必以
불가복   성일종즉불가반   제수자   필이

堤防하고 制性者는 必以禮法이니라.
제방   제성자   필이예법

「경행록」에 이르기를,

 사람의 성품은 물과 같아서 물이 한 번 기울어지면 다시 되돌려 담을 수 없고, 성품이 한 번 방종해지면 돌아올 수 없으니, 물을 제어하려는 자는 반드시 둑(제방)으로써 하고, 성품을 제어하려는 자는 반드시 예법으로써 할지니라.

참고 인성(人性) : 사람의 성품. 불가복(不可復) : 되돌려 담을 수 없다.
제성(制性) : 나쁜 성품을 억제한다.

傾 기울 경. 縱 늘어질 종. 制 제어할 제. 堤 방죽 제. 禮 예도 례.

戒性篇 2

忍一時之忿이면 **免百日之憂**니라.
인 일 시 지 분   면 백 일 지 우

한때의 분함을 참으면 백일의 근심을 면할 수 있느니라.

忍 참을 인. 忿 성낼 분. 免 면할 면. 憂 근심할 우.

戒性篇 3

得忍且忍이요 **得戒且戒**하라 **不忍不戒**면 **小事成大**니라.
득 인 차 인   득 계 차 계   불 인 불 계   소 사 성 대

참을 수 있는 대로 우선 참고, 경계할 수 있는 대로 또 경계하라. 만일 매사를 참지 않고 경계하지 않으면 작은 일이라도 걷잡을 수 없이 커지게 되느니라.

忍 참을 인. 且 또 차. 戒 경계할 계. 事 일 사. 成 이룰 성.

戒性篇 4

愚濁生嗔怒는 **皆因理不通**이라
우 탁 생 진 노   개 인 리 불 통

休添心上火하고 **只作耳邊風**하라
휴 첨 심 상 화   지 작 이 변 풍

長短은 家家有요 炎凉은 處處同이라

是非無實相하여 究竟摠成空이니라.

　어리석고 못난(흐릿한) 자가 성을 내는 것은 모두 이치에 통하지 못한 까닭이다. 마음 위에 불길(화를)을 더하지 말고 다만 귓전을 스치는 바람결로 여겨라.
　장점과 단점은 집집마다 있는 일이고, 따뜻하고 서늘한 것은 어디에나 같으니라. 옳고 그름이란 본디 실상(實相)이 없어서 마침내는 모두 다 빈 것이(헛것이) 되느니라.

참고 이불통(理不通) : 이치에 통하지 못한 것. 휴첨(休添) : 첨은 더하는 것, 휴(休)는 하지 말라는 뜻. 즉 더하지 말라는 것. 이변풍(耳邊風) : 귓전을 스쳐가는 바람결. 염량(炎凉) : 따뜻하고 서늘한 것. 염량세태(炎凉世態)란 말이 있음. 즉 내가 돈이 있거나 권세가 있을 때는 다른 사람들이 나를 따뜻하게 대해주지만 돈이 없어지고 권세가 떨어졌을 때는 차갑게 대하는 세상인심을 말한다.

愚 어리석을 우, 濁 흐릴 탁, 嗔 성낼 진, 添 더할 첨, 邊 가 변,
短 짧을 단, 炎 불탈 염, 凉 서늘할 량, 處 살 처, 非 아닐 비,
實 열매 실, 究 궁구할 구, 竟 다할 경, 摠 모두 총.

戒性篇 5

子張이 欲行에 辭於夫子할새

願賜一言爲修身之美하노이다.

子曰 百行之本이 忍之爲上이니라

子張이 曰, 何爲忍之잇고

子曰 天子忍之면 國無害하고 諸侯忍之면 成其
大하고 官吏忍之면 進其位하고 兄弟忍之면 家富
貴하고 夫妻忍之면 終其世하고 朋友忍之면 名不
廢하고 自身忍之면 無禍害니라.

  자장(子張)이 장차 길을 떠나고자 하여 부자(夫子, 孔子)께 하직 인사를 올릴 때,
  "원컨대 몸을 닦는데 가장 아름다운 요점을 한마디로 말씀해 주시기 바랍니다." 하니, 공자께서 말씀하셨다.
  "백 가지 모든 행실의 근본은 참는 것이 으뜸이니라." 자장이 다시 물었다. "어떻게 참아야 합니까? 자세히 말씀해 주십시오."
  공자께서 다시 말씀하셨다.
  "천자가 참으면 온 국가에 해로움이 없을 것이고, 제후(諸侯)가 참으면 자기가 다스리는 땅이 커질 것이고, 벼슬아치가 참으면 제 지위가 올라갈 것이고, 형제간에 참으면 그 집이 부귀(富貴)를 누릴 것이고, 부부(夫婦)가 서로 참으면 일생을 함께 해로(偕老)할 것이고, 친구끼리 서로 참으면 상대방의 명예를 떨어뜨리지 않을 것이고, 자신이 혼자서 참으면 재앙이 없을 것이니라."

참고 자장(子張) : 공자의 제자. 사일언(賜一言) : 한 말씀 내려주십시오.
하위(何爲) : (참음이란) 어떻게 하는 것입니까?

辭 말 사, 願 원할 원, 賜 줄 사, 修 닦을 수, 美 아름다울 미, 本 밑 본,
忍 참을 인, 爲 할 위, 何 어찌 하, 諸 모든 제, 侯 임금 후, 吏 벼슬아치 리,
夫 지아비 부, 妻 아내 처, 終 끝날 종, 朋 벗 붕, 廢 폐할 폐, 禍 재화 화.

戒性篇 6

子張이 曰 不忍則如何잇고
자장 왈, 불인즉여하

子曰 天子不忍이면 國空虛하고 諸侯不忍이면 喪
자왈, 천자불인 국공허 제후불인 상

其軀하고 官吏不忍이면 刑法誅하고 兄弟不忍이면
기구 관리불인 형법주 형제불인

各分居하고 夫妻不忍이면 令子孤하고 朋友不忍이
각분거 부처불인 영자고 붕우불인

면 情意疎하고 自身不忍이면 患不除니라.
정의소 자신불인 환부제

子張이 曰 善哉善哉라 難忍難忍이여 非人不忍
자장 왈, 선재선재 난인난인 비인불인

이요 不人非人이로다.
불인비인

자장(子張)이 다시 물었다.
"만일 참지 않는다면 어떻게 됩니까?"
공자께서 말씀하셨다.
"천자의 몸으로서 만일 참지 않는다면 온 나라 안이 빈 터가 되어

버릴 것이고, 제후(諸侯)가 참지 않으면 그 몸을 잃게 되고, 벼슬아치가 참지 않는다면 법에 걸려 죽게 될 것이고, 형제끼리 참지 않는다면 각각 헤어져 살 게 될 것이고, 부부가 서로 참지 않는다면 자식을 외롭게 할 것이고, 친구끼리 참지 않는다면 정의(情意)가 소원해질 것이고, 자기 자신이 참지 않으면 근심이 없어지지 않을 것이니라."

자장이 감탄해 말하였다.

"참 좋으신 말씀입니다. 참는 것이란 참으로 어렵고 또 어려운 것이로군요! 그러하오니 사람이 아니면 참지 못할 것이요, 또한 참지 못한다면 사람이 아니로다."

 참고 국공허(國空虛) : 나라가 텅 비게 된다. 즉 훌륭한 인재가 없어지고 국력이 쇠잔해진다. 영자고(令子孤) : 자식을 고아로 만들다. 정의소(情意疎) : 우정과 의리가 소원해짐.

虛 빌 허. 喪 죽을 상. 軀 몸 구. 刑 형벌 형. 誅 벨 주. 居 있을 거.
令 시킬 령. 孤 외로울 고. 疎 트일 소. 患 근심 환. 除 제거할 제.
哉 어조사 재. 難 어려울 난. 非 아닐 비.

戒性篇 7

景行錄에 云하였으되,
경 행 록   운

屈己者는 能處重하고 好勝者는 必遇敵이니라.
굴 기 자   능 처 중   호 승 자   필 우 적

「경행록」에 이르기를,

자신을 굽힐 줄 아는 자는 중요한 자리에 처할 수 있고, 남을 이기

기를 좋아하는 자는 반드시 적을 만나게 되느니라.

> **참고** 굴기자(屈己者) : 자기를 굽힐 줄 아는 사람. 처중(處重) : 중대한 일을 처리함. 필우적(必遇敵) : 반드시 강한 적을 만나다.

屈 굽을 굴, 己 자기 기, 能 능할 능, 處 살 처, 好 좋을 호, 勝 이길 승, 必 반드시 필, 遇 만날 우, 敵 원수 적.

戒性篇 8

惡人이 罵善人커든 善人은 摠不對하라
악인   매선인   선인   총부대

不對는 心淸閑이요 罵者는 口熱沸니라
부대   심청한   매자   구열비

正如人唾天하여 還從己身墜니라
정여인타천   환종기신추

악한 사람이 선한 사람을 꾸짖거든 선한 사람은 도무지 이에 대꾸하지 말라. 대꾸하지 않는 사람은 마음이 맑고 한가로울 것이요, 꾸짖는 자의 입은 뜨겁게 끓어오르리라. 마치 사람이 하늘을 향해 침 뱉는 것과 같아서 도로 자기 몸에 떨어지는 것과 같으니라.

> **참고** 매(罵) : 욕하다. 꾸짖는 것. 총(摠) : 도무지. 아예. 부대(不對) : 상대하지 않는다. 대꾸하지 않음. 청한(淸閑) : 맑고 한가한 것. 열비(熱沸) : 뜨겁게 끓어오르다.

罵 욕할 매, 摠 모두 총, 沸 끓을 비, 唾 침 타, 墜 떨어질 추.

戒性篇 9

我若被人罵라도 佯聾不分說하라
아 약 피 인 매   양 롱 불 분 설

譬如火燒空하여 不救自然滅이라
비 여 화 소 공   불 구 자 연 멸

我心은 等虛空이어늘 摠爾飜脣舌이니라.
아 심   등 허 공   총 이 번 순 설

내가 만일 남에게 욕설을 당하더라도
거짓 귀먹은 체하고 시비를 가려 말하지 말라.
비유하건대 이것은 마치 불이 허공에서 타다가
끄지 않아도 저절로 꺼지는 것과 같으니라.
내 마음은 허공과 같거늘
모두 너의 입술과 혀만이 번거로울 뿐이니라.

참고 피인매(被人罵) : 남에게 매도되다. 불분설(不分說) : 따지고 대들지 않음. 비여(譬如) : 비유하면 ~와 같다. 화소공(火燒空) : 텅 빈 공중에서 불이 타다. 불구(不救) : 불을 끄지 않아도. 자연멸(自然滅) : 스스로 꺼지다. 허공(虛空) : 텅 빈 하늘.

被 입을(당할) 피, 佯 거짓 양, 聾 귀머거리 롱, 譬 비유할 비, 燒 사를 소,
滅 멸망할 멸, 飜 뒤칠 번, 脣 입술 순.

戒性篇 10

凡事에 **留人情**이면 **後來**에 **好相見**이니라.
범사　　유인정　　　후래　　호상견

　모든 일에 인정을 남겨두면, 뒷날에 좋은 얼굴로 서로 보게 되느니라.

> **참고** 범사(凡事) : 모든 일. 유인정(留人情) : 모든 사람에게 다정하게 한다.
> 　　　후래(後來) : 후일에. 호상견(好相見) : 좋은 낯이나 감정으로 서로 대한다.

凡 무릇 범, 事 일 사, 留 머무를 류, 情 뜻 정, 後 뒤 후, 來 올 래,
好 좋을 호, 相 서로 상, 見 볼 견.

근학편(勤學篇)

부지런히 배워 익혀서 새롭게 발전시켜라.

勤學篇 1

子夏曰, 博學而篤志하고 切問而近思하면 仁在
자하왈, 박학이독지   절문이근사   인재

其中矣니라.
기중의

자하가 말하였다.
널리 배워 뜻을 독실하게 하고, 간절하게 묻고 생각을 가까이 하면 인(仁)은 그 가운데 있느니라.

> **참고** 자하왈(子夏曰) : 통행본에는 자왈(子曰)로 되어 있으나 「논어(論語)」에 의거하였다. 독지(篤志) : 뜻을 독실하게 세우다. 인(仁) : 인행(仁行)·인덕(仁德)·인도(仁道). 근사(近思) : 가까이 자기 몸에 견주어 생각하다.

博 넓을 박, 篤 도타울 독, 志 뜻 지, 切 끊을 절(모두 체), 矣 어조사 의.

勤學篇 2

莊子曰, 人之不學은 如登天而無術하고 學而智
장자왈, 인지불학   여등천이무술   학이지

遠이면 如披祥雲而觀靑天하고 登高山而望四
원   여피상운이도청천   등고산이망사

海니라.
해

장자가 말하였다.

사람이 배우지 아니하면 하늘을 오르려 하되 재주가 없는 것과 같고, 배워서 지혜가 원대해지면 상서로운 구름을 헤쳐서 푸른 하늘을 보는 것과 같고, 높은 산에 올라 온 사방의 바다를 바라보는 것과 같으니라.

> **참고** 등천이무술(登天而無術) : 신선이 되어 하늘에 오르고 싶으나 도술이 없어 못함. 지원(智遠) : 학식이나 지혜가 많고 원대함. 피상운(披祥雲) : 상서로운 구름을 헤치다.

如 같을 여, 登 오를 등, 術 꾀 술, 智 슬기 지, 遠 멀 원, 披 나눌 피, 祥 상서로울 상, 雲 구름 운, 覩 볼 도, 海 바다 해.

勤學篇 3

禮記에 曰 玉不琢이면 不成器하고 人不學이면 不知義니라.
예기 왈 옥불탁   불성기   인불학   부지의

「예기」에 이르기를,

옥돌은 다듬지 않으면 그릇을 이루지 못하고, 사람은 배우지 않으면 도의(道義)를 알지 못하니라.

> **참고** 「예기(禮記)」 : 오경(五經)의 하나로서 예의 원리와 예절에 대한 기록.

옥불탁(玉不琢) : 옥돌도 다듬지 않으면. 불성기(不成器) : 옥그릇이나, 기물이 되지 못함. 불학(不學) : 배우지 않으면. 의(義) : 도의(道義) 및 사회생활의 바른 의리나 준칙(準則). '道'로도 되어 있다.

禮 예도 예, 琢 쪼일 탁, 器 그릇 기, 義 옳을 의.

勤學篇 4

太公이 **曰 人生不學**이면 **如冥冥夜行**이니라.
태공   왈, 인생불학   여명명야행

태공이 말하였다.
사람이 태어나 배우지 아니하면 어둡고 어두운 밤길을 가는 것과 같으니라.

 인생(人生) : 사람이 세상을 살아가는 일. 명명(冥冥) : 어둡고 어둡다. 야행(夜行) : 밤길을 가다.

如 같을 여, 冥 어두울 명, 夜 밤 야, 行 갈 행.

勤學篇 5

韓文公이 **曰 人不通古今**이면 **馬牛而襟裾**니라.
한문공   왈, 인불통고금   마우이금거

한문공 유(愈)가 말하였다.
사람으로서 고금의 이치를 통달하지 못하면 말과 소에게 옷을 입혀 놓은 것과 같으니라.

> **참고** 한문공(韓文公) : 당대(唐代)의 문장가 한유(韓愈). 자는 퇴지(退之).
> 통고금(通古今) : 과거의 역사와 오늘의 사정에 통달함.

古 예 고. 今 이제 금. 襟 옷깃 금. 裾 옷자락 거.

勤學篇 6

朱文公이 曰, 家若貧이라도 不可因貧而廢學이요
주 문 공   왈   가 약 빈   불 가 인 빈 이 폐 학

家若富라도 不可恃富而怠學이니 貧若勤學이면
가 약 부   불 가 시 부 이 태 학   빈 약 근 학

可以立身이요 富若勤學이면 名乃光榮이니라.
가 이 입 신   부 약 근 학   명 내 광 영

惟見學者顯達이요 不見學者無成이니라.
유 견 학 자 현 달   불 견 학 자 무 성

學者는 乃身之寶요 學者는 乃世之珍이니라.
학 자   내 신 지 보   학 자   내 세 지 진

是故로 學則乃爲君子요 不學則爲小人이니 後
시 고   학 즉 내 위 군 자   불 학 즉 위 소 인   후

之學者는 宜各勉之니라.
지 학 자   의 각 면 지

주문공이 말하였다.

집이 만약 가난하더라도 가난으로 인하여 학문을 폐해서는 안 되고, 집이 만약 부유하더라도 부유한 것을 믿고 학문을 게을리 해서는 안 된다. 가난한 자가 만약 부지런히 배운다면 몸을 세울 수 있을 것이요, 부유한 자가 만약 부지런히 배운다면 이름이 더욱 빛날

것이니라.

　오직 배운 자가 현달(顯達 : 입신출세)한 것을 보았으며, 배운 사람으로서 성취(成就)하지 못한 예는 없느니라.

　배움이란 곧 몸의 보배요, 배운 사람은 곧 세상의 보배이니라.

　그러므로 배우면 군자가 되고, 배우지 않으면 소인이 되니, 후세에 배우는 자들은 마땅히 각각 힘써야 하느니라.

참고 주문공(朱文公) : 주자(朱子). 폐학(廢學) : 학문을 폐하다. 시부(恃富) : 부유함을 믿는다. 근학(勤學) : 부지런히 배운다. 세지진(世之珍) : 진(珍)은 보기 드문 보배의 뜻으로서, 세상의 진귀한 보배로 풀이됨. 군자(君子) : 학식과 인덕(仁德)을 갖춘 인격자. 소인(小人) : 자기의 물질적 이득만을 탐하는 사람.

若 만약 약, 貧 가난할 빈, 因 인할 인, 廢 폐할 폐, 恃 믿을 시, 怠 게으를 태,
勤 부지런할 근, 乃 이에 내, 榮 영화 영, 惟 오직 유, 顯 나타날 현,
達 통달할 달, 則 곧 즉, 宜 마땅할 의, 各 각각 각, 勉 힘쓸 면.

勤學篇 7

徽宗皇帝曰, 學者는 如禾如稻하고 不學者는 如
蒿如草로다 如禾如稻兮여 國之精糧이요 世之大
寶로다 如蒿如草兮여 耕者憎嫌하고 鋤者煩惱니
라 他日面墻에 悔之已老로다

　휘종 황제가 말하였다.

　배운 사람은 곡식과 같고 벼와 같으며, 배우지 않은 사람은 쑥과

같고 풀과 같도다. 곡식과 같고 벼와 같음이여! 나라의 좋은 양식이요 세상의 큰 보배로다. 쑥과 같고 풀과 같음이여! 밭을 가는 이 싫어하고 김매는 이 귀찮아하느니라. 뒷날 담장에 낯(얼굴)을 대한 듯이 답답해하며, 뉘우친들 그때에는 이미 늦었으니 배우지 못하리라.

> **참고** 휘종황제(徽宗皇帝) : 북송(北宋)의 제 8대 임금. 신법당(新法黨)을 등용, 글씨와 그림에 조예가 깊었으며, 고금(古今)의 서화를 모아 「선화서화보(宣化書畫譜)」를 만들었음. 증혐(憎嫌) : 싫어한다. 서자(鋤者) : 서(鋤)는 호미의 뜻으로, 김매는 사람으로 풀이됨.

禾 벼 화, 稻 벼(곡식) 도, 蒿 쑥 호, 糧 양식 량, 耕 밭갈 경, 憎 미워할 증,
嫌 싫어할 혐, 鋤 호미 서, 煩 번잡할 번, 墻 담 장.

勤學篇 8

論語曰 學如不及이요 惟恐失之니라.
논 어 왈, 학 여 불 급   유 공 실 지

「논어」에 이르기를,
배움은 미치지 못할 듯이 여기고, 오직 배운 것을 잃을까 두려워할지니라.

> **참고** 「논어(論語)」 : 공자(孔子)의 말과 행동을 적은 유교의 경전. 사서(四書)의 하나. 공자의 도덕인 '인(仁)'의 뜻과 정치·교육에 대한 의견 등이 7권 20편으로 쓰여 있다. 학여불급(學如不及) : 항상 못 미치는 듯이 서둘러 배워야 한다. 惟(오직 유) 대신 猶(오히려 유)를 쓴 책도 있다. 공실지(恐失之) : 배움의 때를 놓칠까 걱정한다.

及 미칠 급, 惟 생각할(오직) 유, 恐 두려울 공, 失 잃을 실.

훈자편(訓子篇)

가르침을 잘 배워 훌륭한 사람이 되라.

訓子篇 1

景行錄에 云하였으되, 賓客不來면 門戶俗하고 詩書無敎면 子孫愚니라.
경행록 운   빈객불래   문호속   시서무교   자손우

「경행록」에 이르기를,
　손님이 찾아오지 않으면 집안이 저속해지고, 시서를 가르치지 않으면 자손이 어리석어지느니라.

> **참고** 훈자(訓子) : 자녀 교육. 학식과 기능 및 심성과 인격을 교육함. 빈객(賓客) : 손님. 문호(門戶) : 집안. 속(俗) : 속되다. 여기서는 저속(低俗)해진다. 시서(詩書) : 「시경(詩經)」과 「서경(書經)」. 우(愚) : 어리석다는 뜻.

賓 손 빈, 客 손 객, 俗 풍속 속, 詩 시 시, 書 쓸 서, 敎 가르칠 교, 孫 손자 손. 愚 어리석을 우.

訓子篇 2

莊子曰, 事雖小나 不作이면 不成이요 子雖賢이나 不敎면 不明이니라.
장자왈, 사수소   부작   불성   자수현   불교   불명

장자가 말하였다.

일이 비록 작은 것이라도 하지 않으면 이루어지지 않고, 자식이 비록 어질더라도 가르치지 않으면 현명하지 않느니라.

참고 사수소(事雖小) : 비록 작은 일도. 부작(不作) : 작(作)은 '짓는다'는 뜻도 되나, 여기서는 '한다'로 해석해서, 즉 하지 않는 것. 불명(不明) : 밝지 못하다. 즉 사물(事物)의 이치에 어둡다는 뜻.

雖 비록 수. 作 지을 작. 賢 어질 현. 明 밝을 명.

漢書에 云하였으되, 黃金滿籯이 不如敎子一經이요
한 서 운   황 금 만 영   불 여 교 자 일 경

賜子千金이 不如敎子一藝니라.
사 자 천 금   불 여 교 자 일 예

「한서」에 이르기를,

황금이 상자에 가득하여도 자식에게 「경서」 한 권을 가르치는 것만 같지 못하고, 자식에게 천금을 물려주는 것이 자식에게 기술 한 가지를 가르쳐주는 것만 못하니라.

참고 한서(漢書) : 전한(前漢)의 고조(高祖)에서 왕망(王莽)까지 229년 동안의 역사를 기록한 책. 반표(班彪)가 시작한 것을 반고(班固)가 이루었으며, 그의 누이동생인 반소(班昭)가 완성했다. 모두 120권으로 되어 있다. 만영(滿籯) : 궤짝이나 광주리 속에 (황금이) 가득 찼다. 경(經) : 경서(經書). 유교의 경전. (사서·오경 등). 불여(不如) : ~만 못하다.

籯 광주리 영. 賜 줄 사. 藝 기예 예.

訓子篇 4

至樂은 莫如讀書요 至要는 莫如教子니라.
지락   막여독서   지요   막여교자

지극한 즐거움은 책을 읽는 것 만한 것이 없고, 지극히 중요한 일은 자식을 가르치는 것 만한 것이 없느니라.

樂 즐거울 락, 莫 아닐 막, 如 같을 여, 讀 읽을 독, 書 글 서, 要 긴요할 요.

訓子篇 5

呂滎公이 曰, 內無賢父兄하고 外無嚴師友요 而
여형공   왈 내무현부형   외무엄사우   이

能有成者 鮮矣니라.
능유성자 선의

여형공이 말하였다.
집안에 어진 어버이나 형이 없고, 밖으로 엄한 스승이나 친구가 없이도 성취할 수 있는 자는 거의 없느니라.

> **참고** 여형공(呂滎公) : 이름은 희철(希哲), 자는 원명(原明). 형국공(滎國公)에 봉해졌으므로 형공이라 불렀다. 북송(北宋) 때의 학자. 현부형(賢父兄) : 현명한 부모. 그 부모의 가르침. 유성자(有成者) : 대성한 사람. 학식과 인덕을 완성한 사람.

嚴 엄할 엄, 師 스승 사, 能 능할 능, 鮮 드물 선.

訓子篇 6

太公이 曰 男子失敎면 長必頑愚하고 女子失敎면 長必麤疎니라.
(태공 왈, 남자실교 장필완우 여자실교 장필추소)

태공이 말하였다.
남자가 가르침을 잃으면 자라서 반드시 완악하고 어리석어지며, 여자가 가르침을 잃으면 자라서 반드시 거칠고 성기게 되느니라.

참고 완우(頑愚) : 미련하고 어리석음. 추소(麤疎) : 추(麤)는 거친 것, 소(疎)는 거칠고 성기다. 치밀하지 못한 것.

頑 완고할 완, 愚 어리석을 우, 麤 거칠 추, 疎 성길 소.

訓子篇 7

男年長大어든 莫習樂酒하고 女年長大어든 莫令遊走하라.
(남년장대 막습악주 여년장대 막령 유주)

남자가 장성하거든 풍류나 술을 배우지 말게 하고, 여자가 장성하거든 나돌아 놀지 말게 하라.

莫 없을 막, 習 익힐 습, 令 시킬 령, 遊 놀 유, 走 달릴 주.

訓子篇 8

嚴父는 **出孝子**하고 **嚴母**는 **出孝女**니라.
엄부   출효자   엄모   출효녀

엄한 아버지에게는 효자가 나오고, 엄한 어머니에게는 효녀가 나오느니라.

憐兒어든 **多與棒**하고 **憎兒**어든 **多與食**하라.
연아   다여봉   증아   다여식

아이를 사랑하거든 매를 많이 때려주고, 아이를 미워하거든 밥을 많이 주라.

人皆愛珠玉이나 **我愛子孫賢**이니라.
인개애주옥   아애자손현

남들은 모두 주옥을 사랑하나, 나는 자손이 어진 것을 사랑하느니라.

참고 연아(憐兒) : 아이를 사랑함. 다여봉(多與棒) : 매를 많이 주다. 애주옥(愛珠玉) : 주옥같은 재물을 좋아함.

嚴 엄할 엄. 憐 사랑할 련. 棒 몽둥이 봉. 憎 미워할 증. 珠 구슬 주.

성심편(省心篇)・上
내면의 정신 가치를 높여라.

景行錄에 云하였으되,
경행록   운

寶貨는 用之有盡이요 忠孝는 享之無窮이니라.
보화   용지유진   충효   향지무궁

「경행록」에 이르기를,
　보배와 재물은 쓰면 다할 때가 있고, 충성과 효도는 누릴수록 다함이 없느니라.

참고 성심(省心) : 마음을 살피다. 유진(有盡) : 다함이 있다. 향지(享之) : 충효의 공덕을 누리다. 무궁(無窮) : 끝없음. 한이 없다.

省 살필 성(덜 생), 寶 보배 보, 貨 재화 화, 盡 다할 진, 享 누릴 향.

家和면 貧也好어니와 不義(誼)면 富如何오
가화   빈야호   불의   부여하

但存一子孝니 何用子孫多리오.
단존일자효   하용자손다

가정이 화목하면 가난해도 즐겁거니와 의롭지 못하면 부자인들 무엇하리오. 다만 효도하는 아들 하나만 있으면 족하니 자손이 많음을 어디다 쓰리오.

> **참고** 빈야호(貧也好) : 가난해도 좋다. 부여하(富如何) : 부유한들 어찌하랴? 무엇하랴? 하용(何用) : 무슨 필요가 있으랴?

家 집 가. 和 화할 화. 義 옳을 의(誼도 通用). 富 가멸 부.

省心篇·上 3

父不憂心因子孝요 **夫無煩惱是妻賢**이라
부불우심인자효　　　부무번뇌시처현

言多語失皆因酒요 **義斷親疎只爲錢**이니라
언다어실개인주　　　의단친소지위전

아버지가 마음에 근심하지 않음은 자식이 효도하기 때문이요, 남편이 번거로운 걱정이 없음은 아내가 어질기 때문이라. 말이 많고 말을 실수함은 모두가 술 때문이요, 의리가 끊기고 친척이 소원해짐은 모두가 돈 때문이니라.

> **참고** 불우심(不憂心) : 마음 걱정을 안 함. 어실(語失) : 말에 실수를 하는 것. 개인주(皆因酒) : 모두가 술 때문이다. 친소(親疎) : 친분이 성기어지다. 지위전(只爲錢) : 오직 돈 때문이다.

憂 근심할 우. 煩 번거로울 번. 惱 괴로워할 뇌. 斷 끊을 단. 錢 돈 전.

省心篇·上 4

旣取非常樂이어든 **須防不測憂**니라.
기 취 비 상 락　　　수 방 불 측 우

　이미 정상이 아닌 즐거움을 취했거든, 모름지기 예측할 수 없는 근심을 방비할지니라.

> **참고** 비상락(非常樂) : 정도(正道)에서 벗어난 즐거움. 놀이.
> 　　　 불측우(不測憂) : 예측하지 못했던 우환이나 걱정.

旣 이미 기, 須 모름지기 수, 防 막을 방, 測 잴 측.

省心篇·上 5

得寵思辱하고 **居安慮危**니라.
득 총 사 욕　　　거 안 여 위

　총애를 받고 호강할 때에 욕이 뒤따를 것을 생각하고, 평안히 살 때 위험이 있을 것을 염려할지니라.

得 얻을 득, 寵 총애 총, 辱 욕되게 할 욕, 慮 생각할 려, 危 위태할 위.

省心篇·上 6

榮輕辱淺하고 **利重害深**이니라.
영 경 욕 천　　　이 중 해 심

영화가 가벼우면 욕됨도 얕고, 이(利)가 무거우면 해(害)도 깊으니라.

榮 영화 영, 輕 가벼울 경, 辱 욕되게 할 욕, 淺 얕을 천.

省心篇·上 7

甚愛必甚費요 甚譽必甚毁요 甚喜必甚憂요 甚
심 애 필 심 비   심 예 필 심 훼   심 희 필 심 우   심

臟必甚亡이니라.
장 필 심 망

사랑함이 심하면 반드시 심한 허비가 뒤따르고, 칭찬 받음이 심하면 반드시 심한 훼방이 따르며, 기뻐함이 심하면 반드시 심한 근심을 가져오고, 뇌물 탐함이 심하면 반드시 크게 잃게 되느니라.

甚 심할 심, 費 비용 비, 譽 기릴 예, 毁 훼손할 훼, 憂 근심 우, 臟 장물 장.

省心篇·上 8

子曰, 不觀高崖면 何以知顚墜之患이며 不臨深
자 왈, 불 관 고 애   하 이 지 전 추 지 환   불 림 심

淵(泉)이면 何以知沒溺之患이며 不觀巨海면 何
연 천   하 이 지 몰 익 지 환   불 관 거 해   하

以知風波之患이리오.
이 지 풍 파 지 환

공자께서 말씀하셨다.

높은 낭떠러지를 보지 않으면 어찌 굴러 떨어지는 환난(患難)을 알며, 깊은 못(샘)에 가지 않으면 어찌 빠져 죽는 환난을 알며, 큰 바다를 보지 않으면 어찌 풍파의 환난을 알리오.

> **참고** 고애(高崖) : 높은 낭떠러지. 하이지(何以知) : 어찌 알겠는가? 전추(顚墜) : 전은 '엎어지는 것'이고 추는 '떨어지는 것'이니, 즉 위로부터 굴러 떨어지는 것을 말한다.

崖 벼랑 애. 顚 넘어질 전. 墜 떨어질 추. 淵 못 연. 溺 빠질 닉.

省心篇·上 9

欲知未來거든 先察已然이니라.
　욕 지 미 래　　 선 찰 이 연

미래를 알고자 하거든 먼저 지나간 일을 살펴볼지니라.

> **참고** 선찰(先察) : 먼저 살피다. 이연(已然) : 이미 이루어진 일. 과거에 있었던 일.

欲 하고자할 욕. 未 아닐 미. 來 올 래. 察 살필 찰.

省心篇·上 10

子曰 明鏡은 所以察形이요 往古는 所以知今이니라.
　자 왈,　명 경　　소 이 찰 형　　　 왕 고　　소 이 지 금

공자께서 말씀하셨다.
밝은 거울은 형상을 살피는 것이요, 지나간 일은 현재를 아는 것

이니라.

> **참고** 소이(所以) : ~하는 바탕. 왕자(往古) : 지나간 일.

鏡 거울 경, 察 살필 찰, 形 모양 형, 往 갈 왕, 古 옛 고.

省心篇·上 11

過去事는 明如鏡이요 未來事는 暗似漆이니라.
과 거 사   명 여 경   미 래 사   암 사 칠

지나간 일은 밝기가 거울과 같으나 미래의 일은 어둡기가 칠흑(漆黑)과 같으니라.

如 같을 여, 未 아닐 미, 暗 어두울 암, 似 같을 사, 漆 옻(검을) 칠.

省心篇·上 12

景行錄에 云하였으되, 明朝之事를 薄暮에 不可必
경 행 록   운   명 조 지 사   박 모   불 가 필
이요 薄暮之事를 晡時에 不可必이니라.
    박 모 지 사   포 시   불 가 필

「경행록」에 이르기를,
내일 아침의 일을 오늘 저녁에 단정적으로 말할 수 없고, 저녁에 일어날 일을 낮 시간에 단정적으로 말할 수가 없느니라.

> **참고** 박모(薄暮) : 저녁 무렵. 불가필(不可必) : 반드시 어떠할 것이라고 단정적으로

알거나 말하다. 포시(哺時) : 신시(申時), 즉 오후 3시에서 5시 사이.

朝 아침 조, 薄 엷을 박, 暮 저물 모, 哺 신시 포.

 省心篇·上 13

天有不測風雨하고 **人有朝夕禍福**이니라.
천 유 불 측 풍 우   인 유 조 석 화 복

하늘에는 예측할 수 없는 비바람이 있고, 사람은 아침과 저녁으로 화(禍)와 복(福)이 있느니라.

測 잴 측, 朝 아침 조, 夕 저녁 석, 禍 재화 화, 福 복 복.

省心篇·上 14

未歸三尺土하여는 **難保百年身**이요 **已歸三尺土**
미 귀 삼 척 토   난 보 백 년 신   이 귀 삼 척 토
하여는 **難保百年墳**이니라.
       난 보 백 년 분

석 자 흙 속(무덤 속)으로 돌아가기 전에는 백 년의 몸을 보전하기 어렵고, 이미 석 자 흙 속으로 돌아가서는 백 년 동안 무덤을 보전하기 어려우니라.

참고 삼척토(三尺土) : 석 자의 흙, 즉 사람이 죽어서 땅 속으로 들어가는 것.

歸 돌아갈 귀, 尺 자 척, 難 어려울 난, 保 지킬 보, 墳 무덤 분.

景行錄에 云하였으되, 木有所養이면 則根本固하고
　　경행록　운　　　　　　목유소양　　　즉근본고
而枝葉茂하여 棟樑之材成하니라. 水有所養이면
이지엽무　　　동량지재성　　　　　　수유소양
則泉源壯하고 而流派長하여 灌漑之利博하니라.
즉천원장　　　이류파장　　　관개지리박
人有所養이면 則志氣大하고 而識見明하여 忠義
인유소양　　　즉지기대　　　이식견명　　　충의
之士出이니 可不養哉아.
지사출　　　가불양재

「경행록」에 이르기를,
　나무를 잘 기르면 뿌리가 튼튼하고, 가지와 잎이 무성해서 기둥이나 대들보가 될 재목으로 성장하느니라. 물줄기를 잘 다스리면 샘의 근원이 힘차고, 그 물줄기가 길어서 관개(灌漑)의 이익이 널리 베풀어질 것이니라. 사람을 잘 키우면 뜻과 기상이 크고, 식견(識見)이 밝아져서 충의(忠義)의 선비로 출세할 것이니, 어찌 잘 키우지 아니할 것인가?

참고 유소양(有所養) : 기르는 바 있으면. 잘 키우면. 무(茂) : 무성한 것. 동량지재(棟樑之材) : 기둥과 대들보를 만들 수 있는 훌륭한 재목. 천원장(泉源壯) : 물의 근원. 샘이 수원에서부터 세차게 솟아나다. 관개(灌漑) : 전답(田畓), 농토에 물을 댐. 가불~재(可不~哉) : ~을 아니할 수 있나?

養 기를 양. 根 뿌리 근. 固 굳을 고. 枝 가지 지. 葉 잎 엽. 茂 우거질 무.
棟 용마루 동. 樑 들보 량. 材 재목 재. 泉 샘 천. 源 근원 원. 壯 씩씩할 장.
派 물갈래 파. 灌 물댈 관. 漑 물댈 개. 博 넓을 박. 志 뜻 지. 識 알 식.

省心篇·上 16

自信者는 人亦信之하여 吳越이 皆兄弟요 自疑者는 人亦疑之하여 身外에는 皆敵國이니라.
자신자   인역신지   오월   개형제   자의자   인역의지   신외   개적국

스스로를 믿는 자는 남도 또한 믿어서 오월(吳越) 사이라도 형제가 될 수 있고, 스스로를 의심하는 자는 남도 또한 의심하여 자기 이외에는 모두 적국(敵國)이 되느니라.

 참고 자신자(自信者) : 자신이 남을 믿으면. 인역신지(人亦信之) : 남도 역시 나를 믿는다. 오월(吳越) : 전국시대에 있었던 오나라와 월나라. 오왕 부차(吳王夫差)와 월왕 구천(越王句踐)이 서로 싸워서 원수가 되었음. 세상 사람들이 원수 사이를 흔히 오월(吳越)이라는 말로써 표현함. 신외(身外) : 자신 이외의 모든 사람.

信 믿을 신. 疑 의심할 의. 敵 원수 적.

省心篇·上 17

疑人莫用하고 用人勿疑니라.
의인막용   용인물의

사람을 의심하거든 쓰지 말고, 사람을 쓰거든 의심하지 말지니라.

莫 말(말다) 막. 用 쓸 용. 勿 말(말다) 물.

諷諫에 云하였으되,
풍간   운

水底魚天邊雁은 高可射兮低可釣어니와 惟有
수저어천변안   고 가 사 혜 저 가 조   유 유

人心咫尺間이라도 咫尺人心不可料니라.
인 심 지 척 간   지 척 인 심 불 가 료

「풍간」에 이르기를,
　물 밑의 물고기와 하늘 가의 기러기는 높은 데 있는 것은 활로 쏘아 잡고, 낮은 데 있는 것은 낚을 수 있거니와, 오직 사람의 마음은 바로 지척에 있을지라도, 그 지척에 있는 사람의 마음만은 헤아릴 수 없느니라.

참고 풍간(諷諫) : 풍자하고 간하는 글. 상세히는 모름. 수저어(水底魚) : 물속에 있는 물고기. 천변안(天邊雁) : 하늘 가에 있는 기러기. 고가사(高可射) : 높은 새는 활로 쏠 수가 있다. 저가조(底可釣) : 물 밑의 고기는 낚을 수가 있다. 불가료(不可料) : 헤아릴 수가 없다.

底 밑 저, 邊 가 변, 雁 기러기 안, 射 쏠 사, 低 낮을 저, 釣 낚시 조,
　　　　惟 오직 유, 咫 여덟치 지, 料 헤아릴 료.

畫虎畫皮難畫骨이요 知人知面不知心이니라.
화 호 화 피 난 화 골   지 인 지 면 부 지 심

범을 그리되 가죽은 그릴 수 있으나 뼈는 그리기 어렵고, 사람을 알되 얼굴은 알 수 있지만 그 마음은 알지 못하느니라.

畫 그림 화. 虎 범 호. 皮 가죽 피. 骨 뼈 골.

省心篇·上 20

對面共話하되 **心隔千山**이니라.
대면공화   심격천산

얼굴을 맞대고 서로 이야기는 하되 마음은 천산(千山)만큼이나 격해 있는 것처럼 멀리 떨어져 있느니라.

 격천산(隔千山) : 천산(千山)이라 함은 수없이 많은 산을 뜻하니, 천산을 격해 있다 함은 여기서는 피차의 생각이 거리가 먼 것을 표현하는 것임.

對 대할 대. 共 함께 공. 話 말할 화. 隔 사이 뜰 격.

省心篇·上 21

海枯면 **終見底**나 **人死**엔 **不知心**이니라.
해고   종견저   인사   부지심

바다가 마르면 마침내 그 밑바닥을 볼 수 있으나 사람은 죽어도 그 마음을 알지 못하느니라.

참고 해고(海枯) : 바다의 물이 마르다. 견저(見底) : 밑(바닥)이 보인다.

海 바다 해. 枯 마를 고. 終 끝날 종. 底 밑 저. 死 죽을 사.

省心篇·上 22

太公이 **曰**, **凡人**은 **不可逆相**이요 **海水**는 **不可斗**
태공 왈 범인   불가역상   해수   불가두

量이니라.
량

태공이 말하였다.
무릇 사람은 운세를 앞질러 점칠 수 없고, 바닷물은 말(斗)로 헤아릴 수 없느니라.

> **참고** 역상(逆相) : 앞으로 닥쳐올 운명을 헤아려서 아는 것.
> 두량(斗量) : 말로 헤아리다.

凡 무릇 범, 逆 거스를 역, 相 서로(점칠) 상, 斗 말 두, 量 헤아릴 량.

省心篇·上 23

景行錄에 **云**하였으되,
경행록   운

結怨於人을 **謂之種禍**요 **捨善不爲**를 **謂之自賊**
결원어인   위지종화   사선불위   위지자적

이니라.

「경행록」에 이르기를,
남과 원수를 맺는 것을 재앙의 씨를 뿌리는 일이요, 선을 버리고 행하지 않음을 스스로를 해친다 이르느니라.

참고 결원(結怨) : 원수를 맺다. 종화(種禍) : 재앙의 씨를 심다. 사선(捨善) : 선을 버린다. 자적(自賊) : 적(賊)은 해친다는 뜻으로, 자신을 해치는 일.

結 맺을 결, 怨 원망할 원, 謂 이를 위, 捨 버릴 사, 賊 도둑(해칠) 적.

若聽一面說이면 便見相離別이니라.
약 청 일 면 설   변 견 상 이 별

만약 한 편의 말만 들으면 곧 서로 사이가 이별하느니라.

聽 들을 청, 說 말씀 설, 便 즉(곧) 변(편할 편), 離 떠날 리.

飽煖에 思淫慾하고 飢寒에 發道心이니라.
포 난   사 음 욕   기 한   발 도 심

배부르고 따뜻한 여유 있는 생활에서 음욕스러운 마음이 생기고, 배고프고 추운 생활에서 옳은 마음이 나타나느니라.

飽 물릴 포, 煖 따뜻할 난, 淫 음란할 음, 慾 욕심 욕, 飢 주릴 기.

疏廣이 日, 賢人而多財면 則損其志하고 愚人而
소 광   왈 현 인 이 다 재   즉 손 기 지   우 인 이

多財면 則益其過니라.
다 재   즉 익 기 과

소광이 말하였다.
어진 사람이 재물이 많으면 그 지조(志操)가 손상되고, 어리석은 사람이 재물이 많으면 그 허물을 더하느니라.

> **참고** 소광(疏廣) : 전한(前漢) 선제(宣帝) 때 사람. 태부(太傅)의 높은 지위에 있다가 나이가 많아 벼슬을 그만두자, 선제와 태자가 많은 재물(財物)을 내렸다. 그는 재물들을 하나도 남김없이 옛 친구들에게 나누어 주자 어떤 사람이 그에게 재물을 자손들에게 물려주기를 권하자 그가 한 말이다.

疏 트일 소, 廣 넓을 광, 賢 어질 현, 財 재물 재, 損 덜 손,
愚 어리석을 우, 益 더할 익, 過 허물 과.

省心篇·上 27

人貧智短하고 福至心靈이니라.
인 빈 지 단   복 지 심 령

사람이 가난하면 지혜도 짧아지고, 복이 이르면 마음도 영특해지느니라.

貧 가난할 빈, 短 짧을 단, 福 복 복, 至 이를 지, 靈 신령 령.

省心篇·上 28

不經一事면 不長一智니라.
불 경 일 사   부 장 일 지

한 가지의 일을 경험하지 않으면, 그 일에 대한 한 가지 지혜도 자라지 못하느니라.

> **참고** 경(經) : 경험하다. 체험하다. 장(長) : 자라나다. (지식이나 지혜가) 늘다.
> 일지(一智) : 한 가지 지식이나 지혜.

事 일 사. 智 슬기 지.

是非終日有라도 不聽이면 自然無니라.
시 비 종 일 유   불 청   자 연 무

시비가 종일토록 있더라도 들은 체하지 않으면 자연히 사라지느니라.

> **참고** 시비(是非) : 옳다 그르다며 떠드는 일.

是 옳을 시. 非 아닐 비. 聽 들을 청. 自 스스로 자. 然 그러할 연.

來說是非者는 便是是非人이니라.
내 설 시 비 자   변 시 시 비 인

와서 남의 시비를 말하는 자는 바로(곧) 나에게 시비를 거는 사람이니라.

참고 설시비자(說是非者) : 옳다 그르다 하고 말하는 사람.

來 올 래, 說 말씀 설, 便 곧(즉시) 변, 是 옳을 시.

省心篇·上 31

擊壤詩에 云하였으되, 平生에 不作皺眉事하면 世
격양시 운   평생 부작추미사   세

上에 應無切齒人이니 大名을 豈有鐫頑石가 路
상 응무절치인   대명 기유전완석   노

上行人이 口勝碑니라.
상행인 구승비

「격양시」에 이르기를,

평생에 눈썹 찌푸릴 일을 하지 않으면 세상에 응당 나에게 이를 갈 사람이 없을 것이니, 큰 이름을 어찌 무딘 돌에 새길 것인가, 길 가는 사람의 입이 비석(碑石)보다 나으니라.

참고 추미(皺眉) : 추는 '찌푸린다'는 뜻, 즉 눈썹을 찌푸리다. 절치(切齒) : 이를 가는 것. 완석(頑石) : 완(頑)은 완고하다, 즉 무딘 돌. 구승비(口勝碑) : 입이 비(碑)를 이긴다. 즉, 입으로 말하는 것이 비석보다 낫다는 뜻.

皺 주름 추, 眉 눈썹 미, 應 응당 응, 切 끊을 절, 齒 이 치, 豈 어찌 기,
鐫 새길 전, 頑 완고할 완, 勝 이길 승, 碑 비석 비.

省心篇·上 32

有麝自然香이니 何必當風立가
유사자연향   하필당풍립

사향을 지녔으면 자연히 향기로우니, 어찌 꼭 바람을 향하여 서서 있겠는가?

> **참고** 사향(麝香) : 사향노루·사향고양이 등의 수컷의 향낭(香囊)에서 채취되는 흑갈색 가루로 특수한 냄새를 풍긴다. 사향노루(궁노루)는 배꼽 근처에 향낭이 있고, 사향고양이는 생식기와 항문 근처에 사향샘이 있다. 자연향(自然香) : 자연히 향기롭다. 하필(何必) : 어찌 ~할 필요가 있는가? 당풍립(當風立) : 바람을 향하여 서다.

有福莫享盡하라 福盡身貧窮이요 有勢莫使盡하라 勢盡冤相逢이니라 福兮常自惜하고 勢兮常自恭하라 人生驕與侈는 有始多無終이니라.
유복막향진 복진신빈궁 유세막사진 세진원상봉 복혜상자석 세혜상자공 인생교여치 유시다무종

복이 있어도 다 누리지 말라. 복이 다하면 몸이 빈궁해질 것이요, 권세가 있어도 다 부리지 말라. 권세가 다하면 원수와 서로 만나느니라. 복이 있거든 항상 스스로 아끼고, 권세가 있거든 항상 스스로 공손하라. 인간 생활에서 흔히 교만과 사치는 처음은 있으나 나중에는 없는 경우가 많으니라.

> **참고** 막(莫) : ~하지 마라. 향진(享盡) : (주어진 복을) 진탕 누리다. 사진(使盡) : (권세를 있는 대로) 다 행세하다. 복혜(福兮) : 복을 누리면서 유복하게 살 때에.

麝 사향노루 사. 香 향기 향. 當 마땅할 당. 風 바람 풍.
窮 다할 궁. 冤 원통할 원. 逢 만날 봉. 驕 교만할 교. 侈 사치할 치.

省心篇·上 34

王參政四留銘에 曰 留有餘不盡之巧하여 以還
造物하고 留有餘不盡之祿하여 以還朝廷하고 留
有餘不盡之財하여 以還百姓하고 留有餘不盡
之福하여 以還子孫이니라.

왕참정의 「사류명」에 이르기를,
　여유를 두어 재주를 남겨 두었다가 조물주에 돌려주고, 여유를 두어 봉록(俸祿)을 남겨 두었다가 조정에 돌려주고, 여유를 두어 재물을 남겨 두었다가 백성에게 돌려주고, 여유를 두어 복을 남겨 두었다가 자손에게 돌려줄지니라.

 참고　왕참정(王參政) : 이름은 단(旦). 북송(北宋), 진종(眞宗) 때 정치가. 사류명(四留銘)이란 '네 가지를 남겨 두라'는 계명. 유여(有餘) : 나머지가 있다. 즉 나에게 주어진 것을 다 탕진해버리지 말고 여분이 있게 하라는 뜻. 부진지교(不盡之巧) : 다 쓰지 않은 재주.

餘 남을 여. 盡 다할 진. 巧 공교할 교. 還 돌려줄 환. 祿 복 록.

省心篇·上 35

黃金千兩이 未爲貴요 得人一語가 勝千金이니라.

황금 천 냥이 귀한 것이 아니요, 남의 좋은 말 한마디 듣는 것이 천금(千金)보다 나으니라.

　　　　　　黃 누를 황, 兩 두 량(냥), 得 얻을 득, 語 말씀 어, 勝 이길 승.

省心篇·上 36

巧者는 拙之奴요 苦者는 樂之母니라.
교자　졸지노　　고자　낙지모

　재주 있는 자는 재주 없는 이의 종이요(사람을 위해 일해야 한다), 오늘의 고생은 내일의 즐거움의 모체(바탕)이니라.

　참고 교자(巧者) : 재주 있는 사람. 고자(苦者) : 고생.

　　　　　巧 공교할 교, 拙 졸할 졸, 奴 종 노, 苦 쓸 고, 樂 즐길 락.

省心篇·上 37

小船은 難堪重載요 深逕은 不宜獨行이니라.
소선　난감중재　　심경　불의독행

　작은 배는 무겁게 실은 것을 견디기 어렵고, 으슥한(깊은) 길은 혼자 다니기에 마땅치 않으니라.

　참고 난감(難堪) : 견디기 어려운 것. 중재(重載) : 무겁게 싣는 것.

　　　　　船 배 선, 堪 견딜 감, 載 실을 재, 逕 좁은 길 경, 宜 마땅할 의.

省心篇·上 38

黃金이 **未是貴**요 **安樂**이 **値錢多**니라.
황금   미시귀   안락   치전다

　황금이 귀한 것이 아니요, 편안하고 즐거움이 돈보다 값어치가 많으니라.

> **참고** 미시귀(未是貴) : 귀하지 않다. 안락(安樂) : 정신적으로 편하고 즐겁게 사는 일. 치전다(値錢多) : 돈보다 그 값어치가 많다(크다).

値 값 치, 錢 돈 전, 多 많을 다.

省心篇·上 39

在家에 **不會邀賓客**이면 **出外**에 **方知少主人**이니라.
재가   불회요빈객   출외   방지소주인

　집에 있을 때에 내가 손님을 맞이할 줄 모르면, 밖에 나가서야 비로소 (나를 빈객으로 맞이할) 주인이 적은 줄을 아느니라.

> **참고** 불회(不會) : 알지 못하다. 할 줄 모른다. 요(邀) : 맞이하다.

會 모일 회, 邀 맞이할 요(료), 賓 손 빈, 客 손 객, 主 주인 주.

省心篇·上 40

貧居鬧市無相識이요 富住深山有遠親이니라.
빈거요시무상식   부주심산유원친

　가난하면 번화한 저잣거리에 살아도 서로 아는 사람이 없을 것이요, 부유하면 깊은 산골에 살아도 먼 데서 찾아오는 친구가 있느니라.

鬧 시끄러울 요(뇨), 市 저자 시, 識 알 식, 遠 멀 원, 親 친할 친.

省心篇·上 41

人義는 盡從貧處斷이요 世情은 便向有錢家니라.
인의   진종빈처단   세정   변향유전가

　사람의 의리는 다 가난한 데서 끊어지는 것이요, 세상의 인정(人情)은 곧 돈 있는 집으로 쏠리느니라.

義 옳을 의, 從 좇을 종, 處 살 처, 斷 끊을 단, 便 곧 변, 錢 돈 전.

省心篇·上 42

寧塞無底缸이언정 難塞鼻下橫이니라.
영색무저항   난색비하횡

　차라리 밑 빠진 항아리는 막을 수 있을지언정, 코 아래 가로 놓인 것(입)은 막기 어려우니라.

寧 차라리 녕(영), 塞 막을 색, 缸 항아리 항, 鼻 코 비, 橫 가로 횡.

人情은 皆爲窘中疎니라.
인정   개위군중소

사람의 정분은 모두 군색한 가운데서 멀어지느니라.

精 뜻 정, 皆 다 개, 爲 할 위, 窘 막힐 군, 疎 트일(멀리할) 소.

史記에 曰 郊天禮廟는 非酒不享이요 君臣朋友
사기   왈 교천예묘   비주불향   군신붕우
는 非酒不義요 鬪爭相和는 非酒不勸이라
  비주불의   투쟁상화   비주불권
故로 酒有成敗而不可泛飮之니라.
고   주유성패이불가범음지

「사기」에 이르기를,
　하늘에 제사 지내고 사당에 제례를 올림에는 술이 아니면 흠향하지 않을 것이요, 임금과 신하, 벗과 벗 사이에는 술이 아니면 정의가 두터워지지 않을 것이요, 싸우고 나서 서로 화해함에는 술이 아니면 권하지 못할 것이다. 그러므로 술에는 성취와 실패가 있어 함부로 마시면 안 되느니라.

참고 사기(史記) : 전한(前漢) 무제(武帝) 때 사마천(司馬遷)이 지은 역사책. 황제(黃帝)로부터 한무제(漢武帝) 때까지 약 3천년 동안의 중국 역사를 기록한 사서(史書)이다. 교(郊) : 교사(郊祀)를 뜻한다. 고대 중국에 있어서 천자(天子)가 도성(都城)의 남쪽 들에서 하늘에 드리는 제사. 묘(廟) : 선조(先朝)의 위패(位牌)를 모신 사당. 개인의 집 사당은 가묘(家廟), 왕가(王家)의 사당을 종묘(宗廟)라고 한다.

郊 성밖(들) 교, 禮 예도 례, 廟 사당 묘, 享 누릴 향, 鬪 싸움 투, 爭 다툴 쟁, 勸 권할 권, 泛 뜰(널리) 범, 飮 마실 음.

省心篇·上 45

子曰 士志於道 而恥惡衣惡食者는 未足與議也니라.
자왈, 사 지 어 도 이 치 악 의 악 식 자   미 족 여 의 야

공자께서 말씀하셨다.
선비가 도에 뜻을 두고도, 나쁜 옷과 나쁜 음식을 부끄러워하는 자는 족히 더불어 의논할 수 없느니라.

士 선비 사, 志 뜻 지, 恥 부끄러워할 치, 與 더불어 여, 議 의논할 의.

省心篇·上 46

荀子曰 士有妬友하면 則賢交不親하고 君有妬臣하면 則賢人不至니라.
순 자 왈, 사 유 투 우   즉 현 교 불 친   군 유 투 신   즉 현 인 부 지

순자가 말하였다.

선비가 벗을 투기하는 일이 있으면 어진 벗과 친할 수 없고, 임금이 신하를 투기하는 일이 있으면 어진 사람이 오지 않느니라.

妬 강새암할 투, 賢 어질 현, 臣 신하 신, 至 이를 지.

天不生無祿之人하고 **地不長無名之草**니라.
천불생무록지인   지부장무명지초

하늘은 녹(복)이 없는 사람을 내지 않고, 땅은 이름 없는 풀을 자라게 하지 않느니라.

祿 녹 록(급료 복), 草 풀(잡초) 초.

大富는 **由天**하고 **小富**는 **由勤**이니라.
대부   유천   소부   유근

큰 부자는 하늘에 달려 있고, 작은 부자는 부지런한 데 달려 있느니라.

由 말미암을(달려 있다) 유, 勤 부지런할 근.

省心篇·上 49

成家之兒는 惜糞如金하고 敗家之兒는 用金如糞이니라.
성가지아   석분여금   패가지아   용금여분

집안을 일으킬 아이는 똥 아끼기를 금과 같이 (귀하게) 여기고, 집안을 망칠 아이는 돈 쓰기를 똥과 같이 (천하게) 여기느니라.

成 이룰 성, 惜 아낄 석, 糞 똥 분, 敗 망할(패할) 패.

省心篇·上 50

康節邵先生이 曰,
강절소선생   왈,

閑居에 愼勿說無妨하라 纔說無妨便有妨이니라
한거   신물설무방   재설무방변유방

爽口物多能作疾이요 快心事過必有殃이라 與
상구물다능작질   쾌심사과필유앙   여

其病後能服藥으론 不若病前能自防이니라.
기병후능복약   불약병전능자방

강절 소선생이 말하였다.
한가하게 살 때에 삼가 아무런 해로움이 없다고 말하지 말라. 겨우(방금 전에) 해로움이 없다고 말하자마자 문득 해로움이 있느니라. 입에 상쾌한(좋은) 음식이 많으면 마침내 병이 생기는 법이요,

마음에 상쾌한 일이 지나치면 반드시 재앙이 있느니라. 병이 난 후에 약을 먹는 것보다는 차라리 병나기 전에 스스로 예방하는 것만 같지 못하니라.

참고 물설(勿說) : 말하지 마라. 무방(無妨) : (내 자신에게는) 아무런 걱정이나 거리낄 일이 없다. 상구(爽口) : 입에 산뜻하게 맛있는 음식.

愼 삼갈 신, 纔 겨우 재, 爽 시원할 상, 疾 병 질, 殃 재앙 앙.

省心篇·上 51

梓潼帝君垂訓에 曰, 妙藥도 難醫冤債病이요 橫財는 不富命窮人이라 生事事生을 君莫怨하고 害人人害를 汝休嗔하라 天地自然이 皆有報하니 遠在兒孫近在身이니라.

재동제군의 「수훈(垂訓)」에 이르기를,

신묘(神妙)한 약이라도 원한에 사무친 병은 고치기 어렵고, 뜻밖에 생기는 횡재는 운이 나쁜 사람을 부자로 만들지 않느니라. 일을 저지르고 나서 일이 생기는 것을 그대는 원망하지 말고, 남을 해치면 남이 나를 해치는 것을 그대는 성내지 말라. 천지간 모든 일은 자연히 모두 갚음이 있나니, (그 보답이) 멀면 자손에게 있고 가까우면 자기 몸에 있느니라.

> **참고** 재동제군(梓潼帝君) : 도가(道家)에 속한 신의 이름. 난의(難醫) : 고치기 어려움. 원채병(冤債病) : 원한의 병. 명궁인(命窮人) : 운명이 궁한 사람. 해인(害人) : 남을 해치는 것. 인해(人害) : 남이 나를 해치는 것.

梓 가래나무 재, 垂 드리울 수, 訓 가르칠 훈, 妙 묘할 묘, 藥 약 약, 醫 의원 의, 冤 원통할 원, 窮 다할 궁, 怨 원망할 원, 嗔 성낼 진.

省心篇·上 52

花落花開開又落하고 錦衣布衣更換着이라
화 락 화 개 개 우 락   금 의 포 의 경 환 착

豪家도 未必常富貴요 貧家도 未必長寂寞이라
호 가   미 필 상 부 귀   빈 가   미 필 장 적 막

扶人에 未必上靑霄요 推人에 未必塡溝壑이라
부 인   미 필 상 청 소   추 인   미 필 전 구 학

勸君凡事莫怨天하라 天意於人에 無厚薄이니라
권 군 범 사 막 원 천   천 의 어 인   무 후 박

꽃은 졌다가 다시 피며, 피었다가 다시 지고, 비단옷과 삼베옷을 교대로 바꿔 입느니라. 호화로운 집이라도 반드시 언제나 부유한 것은 아니요, 가난한 집이라도 반드시 늘 적막하지는 않느니라. 사람을 붙들어 올려도 반드시 푸른 하늘에 올라가지 못할 것이요, 사람을 밀어뜨린다 해서 반드시 깊은 구덩이에 굴러 떨어지지는 않느니라. 그대에게 권고하노니, 매사에 있어서 하늘을 원망하지 마라. 하늘의 뜻은 사람에게 후(厚)하고 박(薄)함이 없느니라.

錦 비단 금, 更 바꿀 경, 換 바꿀 환, 豪 호걸 호, 寞 쓸쓸할 막, 扶 도울 부, 霄 하늘 소, 塡 메울 전, 溝 도랑 구, 壑 골 학, 勸 권할 권, 薄 엷을 박.

堪歎人心이 毒似蛇라 誰知天眼이 轉如車오.
감 탄 인 심   독 사 사   수 지 천 안   전 여 거

去年에 妄取東隣物터니 今日還歸北舍家라
거 년   망 취 동 린 물   금 일 환 귀 북 사 가

無義錢財는 湯潑雪이요 儻來田地는 水推沙라
무 의 전 재   탕 발 설   당 래 전 지   수 추 사

若將狡譎爲生計면 恰似朝開暮落花라.
약 장 교 휼 위 생 계   흡 사 조 개 모 낙 화

 사람의 독사 같은 마음 한스럽도다. 하늘의 눈이 수레바퀴처럼 돌아가고 있음을 누가 알리오? 지난해에 부질없이 동쪽 이웃에서 가져온 물건이 오늘은 다시 북쪽 집으로 돌아가는구나. 의롭지 않은 돈과 재물은 끓는 물에 눈〔雪〕이 녹는 것과 같이 없어지고, 우연히 얻은 전답은 물살이 모래를 미는 것과 같으니라. 만일 간사한 꾀로 생계를 삼는다면, 아침에 피었다가 저녁에 지는 꽃과 같이 오래가지 못하리라.

참고 감탄(堪歎) : 탄식하여 마지않다. 한탄스럽다. 천안(天眼) : 하늘이 내려다 보는 눈. 환귀(還歸) : 돌아간다. 북사가(北舍家) : 북녘 집. 탕발설(湯潑雪) : 끓는 물에 뿌려지는 눈. 당래(儻來) : 뜻밖에 얻어진.

堪 견딜 감, 歎 한탄할 탄, 似 같을 사, 蛇 뱀 사, 轉 구를 전, 妄 허망할 망, 湯 끓을 탕, 潑 뿌릴 발, 儻 갑자기(혹은) 당, 狡 교활할 교, 譎 속일 휼.

省心篇·上 54

無藥可醫卿相壽요 有錢難買子孫賢이니라.
무 약 가 의 경 상 수   유 전 난 매 자 손 현

어떠한 약으로도 경상(卿相)의 수명을 고칠 수 없고, 돈이 있어도 자손의 어질고 현명함을 사지 못하느니라.

 무약가의(無藥可醫) : 고칠 수 있는 약이 없다. 경상(卿相) : 재상.
난매(難買) : 사기 어렵다.

醫 의원(고칠) 의, 卿 벼슬 경, 壽 목숨 수, 難 어려울 난, 賢 어질 현.

省心篇·上 55

一日淸閑이면 一日仙이니라.
일 일 청 한   일 일 선

하루 동안 마음이 깨끗하고 한가하면 하루 동안 신선이니라.

淸 맑을 청, 閑 한가할 한, 仙 신선 선.

성심편(省心篇)·下
인덕(仁德)을 베풀고 사랑하라.

眞宗皇帝御製에 曰,
진종황제어제   왈,

知危識險이면 終無羅網之門이요 擧善薦賢이면
지위식험   종무나망지문   거선천현

自有安身之路라 施仁布德은 乃世代之榮昌이
자유안신지로   시인포덕   내세대지영창

요 懷妬報冤은 與子孫之危患이라 損人利己면
   회투보원   여자손지위환   손인이기

終無顯達雲仍이요 害衆成家면 豈有長久富貴
종무현달운잉   해중성가   기유장구부귀

리오 改名異體는 皆因巧語而生이요 禍起傷身은
     개명이체   개인교어이생   화기상신

皆是不仁之召니라.
개시불인지소

진종황제(眞宗皇帝)의 「어제(御製)」에 이르기를,

미리 위태로운 것을 알고 험한 것을 알면, 마침내 법망(法網)에 걸릴 까닭이 없을 것이요, 선한 이를 등용하고 어진 이를 천거하면 스스로 몸을 편안히 할 길이 있느니라.

인(仁)을 베풀고 덕(德)을 펴는 것은 곧 대대(代代)로 영화롭고 창성할 것이요, 투기하는 마음을 품고 원한에 보복함은 자손에게 위태로움과 근심을 끼쳐주는 것이니라.

남을 해치고 자기 몸을 이롭게 한다면, 끝내 높이 되는 자손을 기를 수 없을 것이요, 여러 사람을 해쳐서 자기 집안을 이루게 하면 어찌 그렇게 얻은 부귀(富貴)가 오래갈 수 있으리오.

이름을 갈고 모양을 고치는 것은 모두 교묘한 말재주에서 나오게 된 것이요, 재앙이 일어나고 자기 몸까지 상하게 되는 것은 모두가 어질지 못함이 부르는 것이니라.

> **참고** 진종황제(眞宗皇帝) : 북송(北宋)의 제3대 황제. 전주(澶州)의 맹약(盟約)을 맺어 거란과의 오랜 분쟁을 해결하고, 당시에 송나라 문물의 융성을 이루었음. 어제(御製) : 임금이 지은 시문(詩文). 나망(羅網) : 그물에 걸리다. 법망(法網). 라(羅)는 리(罹, 걸리다)로 해야 옳다. 그래서 '법망에 걸리다'로 풀이하였다. 거선(擧善) : 착한 사람을 올려 쓰는 것. 천현(薦賢) : 어진 사람을 천거하는 것. 자유(自由) : 스스로 있게 마련이다. 안신(安身) : 몸이 안락할 수 있는 길. 위환(危患) : 위태로움과 근심. 운잉(雲仍) : 자손을 말한다. 이체(異體) : 몸을 달리하는 것. 개시(皆是) : 모두가 ~이다.

識 알 식. 羅 새그물 라. 網 그물 망. 擧 들 거. 薦 천거할 천.
懷 품을 회. 妬 투기할 투. 冤 원통할 원. 顯 나타날 현. 達 통달할 달.
體 몸 체. 禍 재화 화. 起 일어날 기. 傷 상처 상. 召 부를 소.

省心篇·下 2

神宗皇帝御製에 曰,
신종황제어제 왈,

遠非道之財하고 戒過度之酒하며 居必擇隣하고
원비도지재 계과도지주 거필택린

交必擇友하라 嫉妬를 勿起於心하고 讒言을 勿宣
於口하며 骨肉貧者를 莫疎하고 他人富者를 莫厚
하라 克己는 以勤儉爲先하고 愛衆은 以謙和爲首
하며 常思已往之非하고 每念未來之咎하라 若依
朕之斯言이면 治國家而可久니라.

신종황제(神宗皇帝)의 「어제(御製)」에 이르기를,

올바른 도리로 생긴 재물이 아니면 멀리하고, 도(度)에 지나친 술을 경계할 것이며, 집을 정할 때는 반드시 이웃을 먼저 가리고, 친구를 사귈 적에는 언제나 사람을 가려서 사귀어라.

또 남을 시기하는 마음을 갖지 말고, 남을 헐뜯는 말을 입 밖에 내지 말며, 가까운 일가〔골육(동기간)〕중에 가난한 사람을 소홀히 하지 말고, 타인의 부귀(富貴)한 사람을 쓸데없이 후대하지 말라.

자신의 사리사욕을 극복함에 있어서는 언제나 부지런하고 검소한 것을 첫째로 삼고, 사람들을 사랑함에 있어서는 겸손하고 화목한 것을 으뜸으로 삼으며, 항상 지난날의 잘못을 생각하고, 언제나 앞날의 허물을 염려하라.

만약 짐이 한 말을 잘 따르면 나라와 집안을 오랫동안 잘 다스리게 되느니라.

참고 신종(神宗) : 북송의 6대 황제. 참언(讒言) : 참소하는 말. 무고하게 남을 중상(中傷)하는 말. 물선(勿宣) : 퍼뜨리고 선전하지 마라. 골육(骨肉) : 뼈와 살을 함께 나눈 동기간이나 친족을 말함. 막소(莫疎) : 소홀히 하지 마라. 극기(克己) : 자기 자신을 극복함. 과도한 욕심이나 감정을 억제함. 애중(愛衆) : 사람들을 사랑하는 것. 겸화(謙和) : 겸손하고 화평한 것. 위수(爲首) : 첫째로 하는 것. 으뜸으로 삼다. 짐(朕) : 천자나 임금 자신이 자기를 낮춰 부르는 말. 가구(可久) : 오래 갈 수 있다.

戒 경계할 계, 擇 가릴 택, 妬 강새암할 투, 讒 참소할 참, 宣 베풀 선,
克 이길 극, 勤 부지런할 근, 儉 검소할 검, 衆 무리 중, 謙 겸손할 겸,
念 생각할 념, 咎 허물 구, 依 의지할 의, 朕 나 짐, 久 오랠 구.

高宗皇帝御製에 曰,
고종황제어제 왈,

一星之火도 能燒萬頃之薪하고 半句非言도 誤
일성지화 능소만경지신 반구비언 오

損平生之德이라 身被一縷나 常思織女之勞하고
손평생지덕 신피일루 상사직녀지로

日食三飱이나 每念農夫之苦하라 苟貪妬損이면
일식삼손 매념농부지고 구탐투손

終無十載安康이요 積善存仁이면 必有榮華後
종무십재안강 적선존인 필유영화후

裔니라 福緣善慶은 多因積行而生이요 入聖超凡
예 복연선경 다인적행이생 입성초범

은 盡是眞實而得이니라.
진시진실이득

고종황제의 「어제(御製)」에 이르기를,

한 점(별만한)의 불티도 능히 만경(萬頃)의 섶을 불태우고, 반 마

디 그릇된 말도 평생의 덕을 그르치고 훼손하느니라.

몸에 한 오라기의 실을 걸쳐도 항상 베 짜는 여자의 수고로움을 생각하고, 하루 세 끼니의 밥을 먹을 때마다 늘 농부의 힘 드는 것을 생각하라.

구차하게 탐내고, 시기해서 남에게 손해를 끼친다면, 결국 10년의 편안함도 없을 것이요, 선(善)을 쌓고 인(仁)을 보존하면, 반드시 후손들에게 영화가 있으리라.

복된 인연과 좋은 경사(慶事)는 대부분이 선행(先行)을 쌓음으로 인하여 생겨나는 것이요, 평범한 경지를 초월해서 성인의 경지에 들어가는 것은 모두 진실(眞實)함으로써 얻어지는 것이니라.

참고 일성(一星) : (별만한)한 점. 만경(萬頃) : 극히 넓은 면적을 뜻함. 경(頃)은 이랑의 뜻으로 만 이랑을 일컬음. 반구비언(半句非言) : 반 마디의 그릇된 말. 일루(一縷) : 하나의 실오라기. 직녀(織女) : 베 짜는 여자. 삼손(三飧) : 세 끼의 밥. 인(因) : 인하다. 연유하다. 적행(積行) : 선행(善行)을 쌓는 것. 입성(入聖) : 성인의 경지로 들어가는 것. 초범(超凡) : 평범한 경지를 초월하는 것. 진시(盡是) : 다. 오직. 진실이득(眞實而得) : 진실함으로 얻어진다.

星 별 성, 燒 사를 소, 頃 넓이 단위 경, 薪 섶나무 신, 誤 그릇할 오, 被 이불 피, 縷 실 루, 織 짤 직, 飧 저녁밥 손, 農 농사 농, 載 해 재, 裔 후손 예, 緣 인연 연, 慶 경사 경, 超 넘을 초.

王良이 曰,
왕 량 왈,

欲知其君이면 先視其臣하고 欲識其人이면 先視
욕 지 기 군   선 시 기 신   욕 식 기 인   선 시

其友하고 欲知其父이면 先視其子하라
기우   욕지기부   선시기자

君聖臣忠하고 父慈子孝니라.
군성신충   부자자효

왕량이 말하였다.

그 임금을 알고자 하면 먼저 그 신하를 보고, 그 사람을 알고자 하면 먼저 그 벗을 보고, 그 아버지를 알고자 하면 먼저 그 자식을 보라.

임금이 거룩하면 그 신하가 충성스럽고, 아비가 인자(仁慈)하면 자식이 효성스러우니라.

> **참고** 왕량(王良) : 춘추시대(春秋時代) 진(晉)나라 사람. 욕식(欲識) : 알고 싶다.
> 선시(先視) : 먼저 보라. 자효(子孝) : 자식이 효도한다.

視 볼 시, 識 알 식, 聖 성스러울 성, 忠 충성 충, 慈 사랑할 자.

家語에 云,
가어   운

水至淸則無魚하고 人至察則無徒니라.
수지청즉무어   인지찰즉무도

공자의 「가어」에 이르기를,

물이 지극히 맑으면 고기가 없고, 사람이 지극히 살피면 친구가 없느니라.

 참고 가어(家語) : 「공자가어(孔子家語)」를 말한다. 공자의 언행을 모은 책으로 10권으로 되어 있음.

至 이를(지극히) 지. 則 곧 즉. 魚 고기 어. 察 살필 찰. 徒 무리 도.

省心篇·下 6

許敬宗이 曰,
허 경 종   왈

春雨如膏나 行人은 惡其泥濘하고 秋月이 揚輝나
춘 우 여 고   행 인   오 기 이 녕   추 월   양 휘

盜者는 憎其照鑑이니라.
도 자   증 기 조 감

허경종이 말하였다.
　봄비가 땅을 기름지게 하지만 길가는 사람은 그 진창을 싫어하고, 가을달이 밝은 빛을 드날리나 도둑질하는 자는 그 밝게 비추는 것을 싫어하느니라.

 참고 허경종(許敬宗) : 자는 연족(延族). 당나라 사람. 고(膏) : 땅을 기름지게 함. 이녕(泥濘) : 진창. 양휘(揚輝) : 가을달이 높이 떠서 밝다.

膏 살찔 고. 惡 싫어할 오(악할 악). 泥 진흙 니. 濘 진창 녕. 揚 오를 양.
輝 빛날 휘. 盜 훔칠 도. 憎 미워할 증. 照 비출 조. 鑑 거울 감.

省心篇·下 7

景行錄에 云하였으되,
경 행 록   운

大丈夫는 見善明 故로 重名節於泰山하고 用心精 故로 輕死生於鴻毛니라.

「경행록(景行錄)」에 이르기를,

　대장부는 선(善)을 보는 것이 밝음으로 명분과 절의(節義)를 태산보다도 더 소중히 여기고, 마음을 쓰는 것이 정(精)함으로 죽고 사는 것을 기러기 털보다도 더 가볍게 여기느니라.

 참고 견선명(見善明) : 선을 밝게 보다. 고(故)로 : 그러므로, 까닭에. 중명절(重名節) : 명분(名分)과 절의(節義)를 중히 여기다. 어(於) : ~보다도. 태산(泰山) : 산동성에 있는 높은 산 이름. 중국 오악(五嶽)의 하나. 용심정(用心精) : 마음 씀이 정성되다. 경사생(輕死生) : 생사를 가볍게 여기다. 홍모(鴻毛) : 기러기의 털. 극히 가벼운 것을 표현하는 말임.

節 절개 절. 泰 클 태. 精 정밀할 정. 輕 가벼울 경. 鴻 큰기러기 홍.

省心篇·下 8

悶人之凶하고 樂人之善하며 濟人之急하고 救人之危니라.

　남의 흉한 일을 마음속으로부터 민망히 여기고, 남의 선한 것을 즐거이 대하며, 남의 급함을 건져 주고, 남의 위험을 구제해 주어야 하느니라.

성심편(省心篇)·下 117

참고 민(悶) : 민망히 여기다. 동정하고 걱정하다. 급(急) : 다급하게 몰리다.
위(危) : 위험. 위난.

悶 민망할 민, 凶 흉할 흉, 濟 건널(구제할) 제, 救 구원할(도울) 구.

經目之事도 恐未皆眞이어늘 背後之言을 豈足深
경 목 지 사   공 미 개 진   배 후 지 언   기 족 심

信이리오.
신

눈으로 직접 본 일도 다 진실이 아닐까 두렵거늘, 등 뒤에서 하는
말을 어찌 족히 깊이 믿을 수 있으리오.

참고 경목(經目) : 눈을 거쳐 간 곳. 직접 눈으로 보다. 공미(恐未) : 아닐까 두렵
다. 배후지언(背後之言) : 등 뒤에서 하는 말. 기족심신(豈足深信) : 어찌 깊
이 믿을 만하냐?

經 지날 경, 恐 두려울 공, 眞 참 진, 背 등 배, 豈 어찌 기.

不恨自家汲繩短하고 只恨他家苦井深이로다.
불 한 자 가 급 승 단   지 한 타 가 고 정 심

자기 집(우리집) 두레박줄이 짧은 것은 탓하지 않고, 남의 집 우물
이 깊은 것만을 탓하느니라.

 참고 급승(汲繩) : 두레박 줄. 타가(他家) : 다른 집.
고정심(苦井深) : 우물이 깊다.

恨 한할(탓할) 한, 汲 길을(긷다) 급, 繩 줄 승, 短 짧을 단.

省心篇·下 11

贓濫이 **滿天下**하되 **罪拘薄福人**이니라.
장람   만천하   죄구박복인

부정하게 재물을 취하는 사람이 천하에 가득하되 죄에 걸려 구속되는 사람은 박복한 사람뿐이니라.

 참고 장람(贓濫) : 뇌물을 받고 부정을 저지르는 것. 죄구(罪拘) : 죄로 구속됨.

贓 장물 장, 濫 퍼질 람, 罪 허물 죄, 拘 잡을 구, 薄 엷을 박.

省心篇·下 12

天若改常이면 **不風卽雨**요
천약개상   불풍즉우

人若改常이면 **不病卽死**니라.
인약개상   불병즉사

하늘이 만약 평상과(상도와) 다르게 되면 폭풍이 불지 않으면 폭우가 쏟아질 것이요, 사람이 만약 상도(常道)를 벗어나면 병들지 않으면 죽느니라.

참고 약(若) : 만약. 개상(改常) : 평상과 다르게 됨. 상도(常道)를 어기다.
불~즉(不~卽~) : ~하지 않으면, 즉 ~하다.

改 고칠 개, 常 항상 상, 卽 곧 즉, 病 병 병, 死 죽을 사.

壯元詩에 云,
장원시   운,

國正이면 天心順하고 官淸이면 民自安이라.
국정   천심순   관청   민자안

妻賢이면 夫禍少하고 子孝면 父心寬이니라.
처현   부화소   자효   부심관

「장원시」에 이르기를,
　나라가 바르면 천심(天心)도 순하고, 벼슬아치가 청렴하면 백성이 절로 편안하느니라. 아내가 어질면 그 남편의 화(禍)가 적고, 자식이 효성스러우면 그 아버지의 마음이 너그러우니라.

참고 장원시(壯元詩) : 과거에서 장원으로 뽑힌 사람의 시. 국정(國正) : 나라의 정치가 바르다. 천심순(天心順) : 하늘의 마음이 부드럽게 된다. 천심(天心)은 민심이다. 관청(官淸) : 벼슬아치나 관청이 청렴결백함.

壯 씩씩할 장, 順 순할 순, 官 벼슬 관, 妻 아내 처, 賢 어질 현,
禍 재화 화, 孝 효도 효, 寬 너그러울 관.

省心篇·下 14

子曰,
자 왈,

木從繩則直하고 **人受諫則聖**이니라.
목 종 승 즉 직   인 수 간 즉 성

공자께서 말씀하셨다.
나무는 먹줄을 따라 깎으면 곧아지고, 사람은 남의 충고를 받아들이면 성스러워지느니라.

참고 승(繩) : 먹줄. 수간(受諫) : 간함을 받아들인다. 즉, 남의 충고를 받아들이는 것.

從 쫓을 종, 繩 먹줄 승, 直 곧을 직, 諫 간할 간, 聖 성스러울 성.

省心篇·下 15

一派靑山景色幽한데 **前人田土後人收**라 **後人**
일 파 청 산 경 색 유   전 인 전 토 후 인 수   후 인

收得莫歡喜하라 **更有收人在後頭**니라.
수 득 막 환 희   갱 유 수 인 재 후 두

한 줄기 푸른 산에 경치가 그윽한데, 앞사람이 가꾸던 밭과 토지를 뒷사람이 거두는구나. 뒷사람은 거두어 얻는 것을 기뻐하지 마라, 다시 거둘 사람이 뒷머리에 있느니라.

참고 일파(一派) : 한줄기로 쭉 뻗은. 전인전토(前人田土) : 먼저 주인이 농사지었던 전답이다. 후인수(後人收) : 뒷사람이 거두어 차지함. 갱유수인(更有收人) : 땅을 다시 차지할 또 다른 사람이 있다.

派 물갈래 파, 景 볕 경, 幽 그윽할 유, 收 거둘 수, 莫 말 막,
歡 기뻐할 환, 喜 기쁠 희, 更 다시 갱(고칠 경).

省心篇·下 16

蘇東坡曰
소 동 파 왈,

無故而得千金이면 不有大福이라 必有大禍니라.
무 고 이 득 천 금   불 유 대 복   필 유 대 화

소동파가 말하였다.
  까닭 없이 천금을 얻으면 큰 복이 있는 것이 아니라, 반드시 큰 재앙이 있느니라.

참고 소동파(蘇東坡) : 이름은 식(軾), 호가 동파(東坡)다. 북송(北宋)의 문인으로서 당송팔대가(唐宋八大家)의 한 사람. 그 아버지 순(洵) 및 아우 철(轍)과 더불어 삼소(三蘇)로 불렀다.

故 연고 고, 福 복 복, 禍 재화 화.

省心篇·下 17

康節邵先生이 曰
강 절 소 선 생   왈,

有人이 來問卜하되 如何是禍福고 我虧人是禍요
유인 래문복   여하시화복   아휴인시화

人虧我是福이니라.
인휴아시복

강절 소선생이 말하였다.
　어떤 사람이 와서 점을 치되, '어떤 것이 화(禍)가 되고 어떤 것이 복이 되느냐'고 하기에 대답했다. '내가 남을 해롭게 하면 이것이 화(禍)요 남이 나를 해롭게 하면 이것이 복(福)이니라.'

> **참고** 문복(問卜) : 점을 묻는 것. 여하(如何) : 어떻게 하느냐? 어떠한 상태. 휴(虧) : 해롭게 하다. 손해를 주다. 해치다.

問 물을 문, 卜 점 복, 禍 재화 화, 福 복 복, 虧 이지러질 휴.

省心篇·下 18

大廈千間이라도 夜臥八尺이요 良田萬頃이라도 日
대하천간   야와팔척   양전만경   일

食二升이니라.
식이승

큰 집이 천 칸이라도 밤에 눕는 것은 여덟 자뿐이요, 좋은 밭이 만 경(萬頃)이라도 하루의 식량은 두 되를 먹느니라.

廈 큰 집 하, 臥 누워 잘 와, 頃 넓이 단위 경, 食 먹을 식, 升 되 승.

省心篇·下 19

久住令人賤이요 頻來親也疎라 但看三五日에
相見不如初니라.

오래 머물면 사람으로 하여금 천히 여겨지고, 자주 찾아오면 친하던 사이도 소원해지느니라. 다만 사흘이나 닷새만 보아도 서로 보는 것이 처음만 같지 못하느니라.

久 오랠 구, 令 영 령, 賤 천할 천, 頻 자주 빈, 但 다만 단.

省心篇·下 20

渴時一滴은 如甘露요 醉後添盃는 不如無니라.

목마를 때 한 방울의 물은 감로수(甘露水)와 같고, 취한 뒤에 더 마시는 술잔은 아니든 것만 못하느니라.

 참고 일적(一滴) : 한 방울의 물. 여감로(如甘露) : 단 이슬과 같다.
불여무(不如無) : 없음만 못하다.

渴 목마를 갈, 滴 물방울 적, 甘 달 감, 露 이슬 로,
醉 취할 취, 添 더할 첨, 盃 잔 배.

省心篇·下 21

酒不醉人이요 人自醉라 色不迷人이요 人自迷니라.
주불취인   인자취   색불미인   인자미

술이 사람을 취하게 하는 것이 아니라 사람이 스스로 취하고, 색(色)이 사람을 미혹시키는 것이 아니라 사람이 스스로 미혹되는 것이니라.

酒 술 주, 不 아닐 불, 醉 취할 취, 色 빛 색, 迷 미혹할 미.

省心篇·下 22

公心을 若比私心이면 何事不辨이며 道念을 若同情念이면 成佛多時니라.
공심   약비사심   하사불변   도념   약동정념   성불다시

공(公)을 위하는 마음을 만약 사(私)를 위하는 마음에 비할 수 있다면, 무슨 일에서든 옳고 그름을 가려내지 못할 것이며, 도(道)를 향하는 마음을 만약 남녀의 정(情)을 생각하는 마음과 같게 한다면 부처를 이룬 지가 이미 오래이니라.

比 견줄 비, 辨 분별할 변, 念 생각할 념, 成 이룰 성, 佛 부처 불.

省心篇·下 23

濂溪先生曰,

巧者言하고 拙者默하며 巧者勞하고 拙者逸하며 巧者賊하고 拙者德하며 巧者凶하고 拙者吉하나니 嗚呼라 天下拙이면 刑政이 撤하여 上安下順하며 風淸弊絕하리라.

주염계 선생이 말하였다.

교자(巧者)는 말을 잘하고 졸자(拙者)는 말이 없으며, 교자는 수고롭고 졸자는 한가하며, 교자는 남을 해치고 졸자는 덕성스러우며, 교자는 흉하고 졸자는 길하다. 아! 천하가 졸(拙)하면 형정(刑政)이 없어져 위가 편안하고 아래가 순종하며, 풍속이 맑고 나쁜 폐단이 없어지리라.

 참고 염계(濂溪) : 성은 주(周). 이름은 돈이(敦頤). 염계는 그 자다. 북송(北宋)의 유학자. 송학(宋學, 朱子學)의 원조로서 「태극도설(太極圖說)」과 「통서(通書)」를 저술하였음. 교자(巧者) : 재주 있고 꾀 있는 자. 덕보다 재주를 앞세우고 자신의 탐욕을 채우는 소인배. 졸자(拙者) : 재주 없는 소박하고 우직한 사람. 도(道)를 지키는 사람. 묵(默) : 말없이 묵묵히 도를 행한다. 로(勞) : 수고롭고 번거롭게 움직이고 일함. 일(逸) : 태연하다. 적(賊) : 욕심을 채우기 위하여 남의 재물을 훔친다. 흉(凶) : 음흉하고 흉악한 짓을 한다. 길(吉) : 착하고 복된 일을 한다. 형정(刑政) : 형사(刑事)에 관한 행정.

巧 공교할 교, 拙 졸할 졸, 默 묵묵할 묵, 勞 일할 로, 逸 안일할 일, 賊 도둑 적, 凶 흉악할 흉, 鳴 탄식소리 오, 呼 부를 호, 刑 형벌 형, 撤 거둘 철, 弊 해질 폐, 絶 끊을 절.

 省心篇·下 24

易에 曰,
역 왈

德微而位尊하고 智小而謀大면 無禍者鮮矣니라.
덕미이위존   지소이모대   무화자선의

「주역」에 이르기를,

덕이 없으면서도 지위가 높고, 지혜가 작으면서 도모하는 일이 크면 재앙(禍가)이 없을 자가 거의 없느니라.

참고 주역(周易) : 삼경(三經)의 하나로 역경(易經)이라고도 함. 우주의 원리와 인간의 길흉화복을 기록한 책. 문왕(文王)·주공(周公)·공자(孔子)에 의해 완성되었다고 한다.

微 작을 미, 尊 높을 존, 智 슬기 지, 謀 꾀할 모, 鮮 적을 선.

 省心篇·下 25

說苑에 曰,
설원 왈

官怠於宦成하고 病加於小愈하며 禍生於懈怠하
관태어환성   병가어소유   화생어해태

고 孝衰於妻子니 察此四者하여 愼終如始니라.
효쇠어처자 찰차사자 신종여시

「설원」에 이르기를,

벼슬살이는 지위가 높아진 데서 게을러지고, 병은 조금 낫는 데서 더해지며, 재앙은 게으른 데서 생기고, 효도는 처자 때문에 흐려지니(쇠해지니), 이 네 가지를 잘 살펴서 끝을 삼가 처음과 같이 할지니라.

참고 설원(說苑) : 전한(前漢) 때 유향(劉向)이 편찬하였다. 유문일사(遺聞逸事)를 모은 책. 관태(官怠) : 관직을 태만히 함. 환성(宦成) : 벼슬이 이루어진다. 즉 지위가 높아지다. 소유(小愈) : 조금 나아지다. 해태(懈怠) : 해이해지고 태만히 함. 효쇠(孝衰) : 부모에 대한 효성이 쇠퇴함. 신종(愼終) : 끝까지 신중하게 행동함. 여시(如始) : 처음과 다름없이. 한결같이.

怠 게으를 태, 宦 벼슬 환, 愈 나을 유, 懈 게으를 해,
衰 쇠할 쇠, 察 살필 찰, 愼 삼갈 신.

器滿則溢하고 人滿則喪이니라.
기만즉일 인만즉상

그릇은 차면 넘치고, 사람도 차면 (재물을 많이 가지면) 자신을 잃느니라.

참고 인만(人滿) : 사람이 재물을 많이 갖거나 더없이 높은 자리에 오르다.

器 그릇 기, 滿 찰 만, 則 곧 즉, 溢 넘칠 일, 喪 죽을 상.

省心篇·下 27

尺璧非寶요 寸陰是競이니라.
척 벽 비 보　촌 음 시 경

　한 자나 되는 구슬이라도 보배가 아니요, 한 치의 짧은 시간을 다툴지니라(아껴라).

 척벽(尺璧) : 벽은 구슬, 즉 한 자가 되는 옥돌.
　　　촌음(寸陰) : 한 치의 시간, 즉 극히 짧은 시간.

璧 둥근 옥 벽, 寶 보배 보, 陰 응달 음, 競 겨룰(다툴) 경.

省心篇·下 28

羊羹이 雖美나 衆口를 難調니라.
양 갱　　수 미　중 구　난 조

　양고기 국이 비록 맛이 좋으나 뭇사람의 입맛에 고루 맞출 수는 어려우니라.

 양갱(羊羹) : 양고기 국. 난조(難調) : 맞추기 어렵다.

羹 국 갱, 雖 비록 수, 衆 무리 중, 難 어려울 난, 調 고를 조.

益智書에 云하였으되,

白玉은 投於泥塗라도 不能汚穢其色이요

君子는 行於濁地라도 不能染亂其心하나니

故로 松栢은 可以耐雪霜이요 明智는 可以涉危難이니라.

「익지서」에 이르기를,

흰 옥(玉)은 진흙 속에 던져도 그 빛을 더럽힐 수 없고, 군자는 혼탁(混濁)한 곳에 갈지라도 그 마음을 어지럽힐 수 없다. 그러므로 소나무와 잣나무는 서리와 눈을 견디어 내고, 밝고 지혜 있는 이는 위난(危難)을 잘 건너가느니라.

참고 니도(泥塗) : 진흙. 오예(汚穢) : 더럽히다. 탁지(濁地) : 혼탁한 땅. 염란(染亂) : (군자의 마음을) 나쁘게 물들도록 하고 어지럽히는 것. 가이(可以) : 할 수 있다. 명지(明智) : 명석한 지혜, 혹은 지혜 있는 사람.

泥 진흙 니, 塗 진흙 도, 汚 더러울 오, 穢 더러울 예, 濁 흐릴 탁, 染 물들일 염, 栢 측백나무 백, 耐 견딜 내, 霜 서리 상, 涉 건널 섭.

省心篇·下 30

入山擒虎는 易하나 開口告人은 難이니라.
입 산 금 호   이   개 구 고 인   난

산에 들어가 호랑이를 잡기는 쉬우나 입을 열어 남에게 말하기는 어려우니라.

擒 사로잡을 금. 虎 범 호. 易 쉬울 이. 告 알릴 고. 難 어려울 난.

省心篇·下 31

遠水는 不救近火요 遠親은 不如近隣이니라.
원 수   불 구 근 화   원 친   불 여 근 린

먼 곳에 있는 물은 가까이 있는 불을 끌 수 없고, 먼 곳의 친척은 가까운 이웃만 못하니라.

 참고 원친(遠親) : 멀리 사는 친척. 혹은 사이가 벌어진 친척.

遠 멀 원. 救 구원할(도울) 구. 近 가까울 근. 隣 이웃 린.

省心篇·下 32

太公이 曰,
태 공   왈

日月이 雖明이나 不照覆盆之下하고 刀刃이 雖快
일 월   수 명   부 조 복 분 지 하   도 인   수 쾌

나 **不斬無罪之人**하고 **非災橫禍**는 **不入愼家之**
　불 참 무 죄 지 인　　비 재 횡 화　　불 입 신 가 지

門이니라.
문

태공이 말하였다.
　해와 달이 제아무리 밝으나 엎어놓은 물동이 밑바닥까지는 비추지 못하고, 칼날이 제아무리 날카로우나 죄 없는 사람의 목을 베지 못하고, 나쁜 재앙과 빗나간 횡화(橫禍, 횡액)는 행동을 삼가고 신중한 사람의 집 문안에는 들어가지 못하느니라.

> **참고** 수(雖) : 비록 ~해도. 부조(不照) : 비추지 못한다. 복분(覆盆) : 엎어놓은 동이. 도인(刀刃) : 칼날. 쾌(快) : 잘 든다. 날카롭다. 비재(非災) : 엉뚱한 재앙. 횡화(橫禍) : 빗나간 화. 뜻밖의 화난.

覆 뒤집힐 복, 盆 동이 분, 斬 벨 참, 禍 재회 화, 愼 삼갈 신.

省心篇·下 33

太公이 **曰**,
태 공　왈

良田萬頃이 **不如薄藝隨身**이니라.
양 전 만 경　 불 여 박 예 수 신

태공이 말하였다.
　좋은 밭 일만 이랑이 있어도 얕은 (하찮은) 재주가 몸에 따르는 것만 못하니라.

頃 넓이 단위 경, 薄 엷을 박, 藝 기예 예, 隨 따를 수.

省心篇·下 34

性理書(성리서)에 云(운)하였으되,
接物之要(접물지요)는 己所不欲(기소불욕)을 勿施於人(물시어인)하고 行有不得(행유부득)이어든 反求諸己(반구제기)니라.

「성리서(性理書)」에 이르기를,
사물(事物)을 처리하는 요체(要諦)는 자기가 하기 싫은 일을 남에게 요구하지 말고, 자기가 행하고도 성과가 없거든 그 잘못된 원인을 자신에게서 돌이켜 생각해 보아야 하느니라.

接 사귈 접, 要 요점 요, 欲 원할 원, 施 베풀 시, 諸 모든 제.

酒色財氣四堵墻에 多少賢愚在內廂이라
주색재기사도장   다소현우재내상

若有世人이 跳得出이면 便是神仙不死方이니라.
약유세인   도득출   변시신선불사방

  술과 여색과 재물과 기운(혈기)의 네 가지로 쌓은 담 안에 수많은 어진 이와 어리석은 자가 그 방안에 있느니라.
  만약 세상사람 중에 이것에서 뛰쳐나오는 이가 있다면 그것은 곧 신선이 되어 죽지 않는 방책이니라.

> **참고** 사도장(四堵墻) : 도장(堵墻)은 담의 뜻으로 네 가지(술·색·재물·기운)로 쌓은 담으로 풀이된다. 내상(內廂) : 집안. 불사방(不死方) : 죽지 않는 방채.

堵 담 도, 墻 담 장, 愚 어리석을 우, 廂 행랑 상, 跳 뛸 도, 便 곧 변(편할 편).

입교편(立敎篇)

삼강오륜과 수신제가치국을 위한 가르침.

立敎篇 1

子曰, 立身有義하니 而孝爲本이요 喪祀有禮하니
자왈, 입신유의   이효위본   상사유례

而哀爲本이요 戰陣有列하니 而勇爲本이요 治政
이애위본   전진유열   이용위본   치정

有理하니 而農爲本이요 居國有道하니 而嗣爲本
유리   이농위본   거국유도   이사위본

이요 生財有時하니 而力爲本이니라.
     생재유시   이역위본

공자께서 말씀하셨다.

몸을 세움에 의(義)가 있으니 효도(孝道)가 그 근본이요, 상사(喪祀)에 지킬 예(禮)가 있으니 슬퍼함이 그 근본이요, 싸움터에 대열(隊列)이 있으니 용맹이 그 근본이요, 나라를 다스리는데 이치(理致)가 있으니 농사가 그 근본이요, 나라를 지키는데 방도(方道)가 있으니 후사(後嗣)가 그 근본이요, 재물을 생산함에 시기가 있으니 노력이(힘이) 그 근본이니라.

> **참고** 입교(立敎) : 가르침을 세우다. 입신(立身) : 몸을 세우다. 사회에 나가서 활동하고 출세하다. 유의(有義) : 지켜야 할 도의(道義). 상사(喪祀) : 상례(喪禮)와 제사(祭祀). 사(嗣) : 계승함. 대대로 물려줌. 역위본(力爲本) : 때에 맞추어 힘들여 일함을 바탕으로 함.

義 옳을 의, 祀 제사 사, 禮 예도 례, 哀 슬플 애, 嗣 이을 사.

立教篇 2

景行錄에 云하였으되,
경행록 운

爲政之要는 曰公與淸이요 成家之道는 曰儉與
위정지요   왈공여청   성가지도   왈검여

勤이니라.
근

「경행록」에 이르기를,
　정사(政事)를 다스리는 요점은 공정함과 청렴함이요, 집안을 일으키는 길은 검소함과 부지런함이니라.

참고 공여청(公與淸) : 공정(공평)과 청렴결백. 검여근(儉與勤) : 검약과 근면. 알뜰하게 씀씀이를 절약하고 부지런히 일해 벌어들인다.

政 정사 정, 公 공변될 공, 與 더불어(함께) 여, 儉 검소할 검, 勤 부지런할 근.

立教篇 3

讀書는 起家之本이요
독서   기가지본

循理는 保家之本이요
순리   보가지본

勤儉은 治家之本이요
근검   치가지본

和順은 齊家之本이니라.
화 순   제 가 지 본

 책을 읽는 것은 집안을 일으키는 근본이요, 이치를 따르는 것은 집안을 보존하는 근본이요, 부지런함과 검소함은 집안을 다스리는 근본이요, 평화로움과 온순함은 집안을 가지런히(평온하게) 하는 근본이니라.

> **참고** 독서(讀書) : 책을 읽음. 글공부를 함. 순리(循理) : 도리나 이치를 따름. 보가(保家) : 가정을 잘 보존함. 근검(勤儉) : 근검과 검약. 화순(和順) : 온화하고 유순함. 가족이 서로 화목하고 온순함. 제가(齊家) : 집안을 가지런히 다스림. 모든 식구가 저마다의 위치에서 각자의 본분을 다하고 협동해서 집안을 흥성케 함.

循 좇을 순, 勤 부지런할 근, 儉 검소할 검, 齊 가지런할 제.

立教篇 4

孔子三計圖에 云하였으되,
공 자 삼 계 도   운

一生之計는 在於幼하고 一年之計는 在於春하고
일 생 지 계   재 어 유   일 년 지 계   재 어 춘

一日之計는 在於寅이니 幼而不學이면 老無所知
일 일 지 계   재 어 인   유 이 불 학   노 무 소 지

요 春若不耕이면 秋無所望이요 寅若不起면 日無
춘 약 불 경   추 무 소 망   인 약 불 기   일 무

所辦이니라.
소 판

공자께서 「삼계도」에 이르기를,

일생의 계획은 어릴 때에 있고, 일 년의 계획은 봄에 있고, 하루의 계획은 새벽에 있으니, 어려서 배우지 않으면 늙어서 아는 것이 없고, 봄에 밭을 갈지 않으면 가을에 바랄 것이 없으며, 새벽에 일어나지 않으면 그 날의 할 일이 없느니라.

참고 일생지계(一生之計) : 일생의 계획. 재어인(在於寅) : 새벽에 잘 세워야 한다. 인(寅) : 인시(寅時). 새벽 네 시.

計 꾀 계, 圖 그림 도, 幼 어릴 유, 春 봄 춘, 寅 셋째 지지 인,
所 바 소, 若 만약 약, 耕 밭갈 경, 望 바랄 망, 辦 힘쓸 판.

立敎篇 5

性理書에 云,

五敎之目은 父子有親하며 君臣有義하며 夫婦有別하며 長幼有序하며 朋友有信이니라.

「성리서」에 이르기를,

다섯 가지 가르침의 조목은, 어버이와 자식 사이엔 친함이 있어야 하며, 임금과 신하 사이엔 의리가 있어야 하며, 남편과 아내 사이엔 분별이 있어야 하며, 어른과 어린이 사이엔 차례가 있어야 하며, 벗 사이엔 돈독한 믿음(신의)이 있어야 하는 것이니라.

親 친할 친, 義 옳을 의, 婦 아내 부, 序 차례 서, 朋 벗 붕.

立教篇 6

三綱은 **君爲臣綱**이요 **父爲子綱**이요 **夫爲婦綱**이니라.
삼강   군위신강   부위자강   부위부강

세 가지 강(綱)이란 국가는(君, 임금은) 국민(臣, 신하)의 근본이 되고, 아버지는 자식의 근본이 되고, 남편은 아내의 근본이 되는 것이니라.

참고 강(綱)은 벼리. 그물의 위에 있는 굵은 줄. 사물의 근본을 뜻함.

綱 벼리 강. 爲 할(되다) 위.

立教篇 7

王蠋이 **曰**,
왕촉   왈

忠臣은 **不事二君**이요 **烈女**는 **不更二夫**니라.
충신   불사이군   열녀   불경이부

왕촉이 말하였다.
충신은 두 임금을 섬기지 않고, 열녀는 두 지아비를 섬기지 않느니라.

참고 왕촉(王蠋) : 전국시대(戰國時代)의 제(齊)나라 사람. 연(燕)나라 군대가 쳐

들어와서 성이 함락되자, 항복하라는 권고를 받았으나 단호히 이를 물리치고 스스로 목을 매어 죽었다. 충신으로 이름 높음.

忠 충성 충, 臣 신하 신, 事 섬길 사, 烈 세찰 렬, 更 바꿀 경, 다시 갱.

立敎篇 8

忠子曰,
충자왈,

治官엔 莫若平이요 臨財엔 莫若廉이니라.
치관 막약평   임재   막약렴

충자가 말하였다.
 관청의 일을 처리함에는 공평함 만한 것이 없고, 재물 앞에서는 청렴함 만한 것이 없느니라.

莫 말 막, 若 같을 약, 臨 임할 림, 財 재물 재, 廉 청렴할 렴.

立敎篇 9

張思叔座右銘에 曰
장 사 숙 좌 우 명   왈,

凡語를 必忠信하며 凡行을 必篤敬하며 飮食을 必
범어   필충신   범행   필독경   음식   필

愼節하며 字畫을 必楷正하며 容貌를 必端莊하며
신절   자획   필해정   용모   필단장

衣冠을 必肅整하며 步履를 必安詳하며 居處를 必
의관   필숙정   보리   필안상   거처   필

正靜하며 作事를 必謀始하며 出言을 必顧行하며
정정   작사 필모시   출언 필고행

常德을 必固持하며 然諾을 必重應하며 見善如己
상덕 필고지   연낙 필중응   견선여기

出하며 見惡如己病하라.
출   견악여기병

凡此十四者는 皆我未深省이라, 書此當座右하여
범차십사자 개아미심성   서차당좌우

朝夕視爲警하노라.
조석시위경

장사숙의 「좌우명(座右銘)」에 이르기를,

무릇 말을 반드시 충실하고 믿음이 있게 하며, 무릇 행실은 반드시 독실하고 공경히 하며, 음식은 반드시 삼가고 알맞게 하며, 글씨는 반드시 정확하고 반듯하게 쓰며, 용모는 반드시 단정하게 하며, 의관은 반드시 엄숙하고 바르게 하며, 걸음걸이는 반드시 편안하고 점잖게 하며, 거처하는 곳은 반드시 바르고 조용하게 하며, 일하는 것은 반드시 계획을 세워서 시작하며, 말을 하는 때는 반드시 그 행한 바를 돌아보며, 평상의 덕(德)은 반드시 굳게 가지며, 일을 허락할 때는 반드시 신중히 응하며, 선(善)을 보거든 내게서 나온 것같이 여기며, 남의 잘못을〔악(惡)을〕 보거든 마치 자신의 병처럼 여겨라.

무릇 이 열네 가지는 모두 내가 깊이 살피지 못한 것이다. 이들을 써서 자리 오른편에 붙이고 아침저녁으로 보고 경계하노라.

참고 장사숙(張思叔) : 북송(北宋) 때 학자, 성리학(性理學)의 대가로 정이천(程伊川)의 제자임. 좌우명(座右銘) : 늘 자리 오른쪽에 써 붙인 글로, 반성하

입교편(立教篇) 141

는 자료를 삼는 격언.

篤 도타울 독, 愼 삼갈 신, 楷 곧을 해, 貌 얼굴 모, 肅 엄숙할 숙,
履 밟을 리, 詳 자세할 상, 靜 고요할 정, 謀 꾀할 모, 顧 돌아볼 고,
固 굳을 고, 諾 대답할 낙, 應 응할 응, 深 깊을 심, 省 살필 성,
座 자리 좌, 視 볼 시, 警 경계할 경.

立敎篇 10

范益謙座右銘에 曰,
범익겸좌우명   왈

一不言朝廷利害邊報差除요 二不言州縣官
일불언조정이해변보차제   이불언주현관

員長短得失이요 三不言衆人所作過惡之事요
원장단득실   삼불언중인소작과악지사

四不言仕進官職趨時附勢요 五不言財利多
사불언사진관직추시부세   오불언재리다

少厭貧求富요 六不言淫媒戲慢評論女色이요
소염빈구부   육불언음설희만평론여색

七不言求覓人物干索酒食이니라.
칠불언구멱인물간색주식

又人附書信을 不可開坼沈滯요 與人竝坐에 不
우인부서신   불가개탁침체   여인병좌   불

可窺人私書요 凡入人家에 不可看人文字요 凡
가규인사서   범입인가   불가간인문자   범

借人物에 不可損壞不還이요 凡喫飮食에 不可
차인물   불가손괴불환   범끽음식   불가

揀擇去取요 與人同處에 不可自擇便利요 凡人
간택거취   여인동처   불가자택편리   범인

富貴를 不可歎羨詆毁라.
부귀   불가탄선저훼

凡此數事에 有犯之者면 足以見用心之不正이
범차수사   유범지자   족이견용심지부정

니 於存心修身에 大有所害라 因書以自警하노라.
어존심수신   대유소해   인서이자경

  범익겸(范益謙)의 「좌우명(座右銘)」에 이르기를,
  첫째는 정부(조정)의 이롭고 해로운 일과 변방의 보고와 누가 벼슬에 임명된 일 등을 말하지 말 것이요,
  둘째는 고을의 벼슬살이 하는 관리들의 장단점과 득실(得失)을 말하지 말 것이요,
  셋째는 여러 사람들이 저지른 잘못과 나쁜 일을 말하지 말 것이요,
  넷째는 누가 관직에 임명되었다거나 누가 세력에 아부해서 출세한다는 일들을 말하지 말 것이요,
  다섯째는 재산이 많고 적은 것이나 가난한 게 싫다거나 부자를 바란다거나 하는 말을 하지 말 것이요,
  여섯째는 음탕하고 난잡스러운 말이나 여색에 대한 평판을 하지 말 것이요,
  일곱째는 남에게 물건을 요구하거나 술이나 음식을 억지로 달라고 말하지 말 것이다.
  또 남이 부탁한 편지가 있으면 이것을 뜯어보거나 묵혀 두지 말며, 남의 곁에 같이 앉았을 때엔 남의 사사로운 편지를 엿보지 말 것이요, 무릇 남의 집에 가서 남의 문자를 훑어보지 말고, 남의 물

건을 빌렸거든 이것을 훼손하거나 묵혀 두지 말 것이요, 무릇 음식을 먹을 적에는 가려서 먹거나 버리거나 취하지 말고, 남과 같이 있으면서 자기만 편한 것을 가려서 취하지 말고, 무릇 남의 부귀한 것을 봄에 감탄하고 부러워하거나 헐뜯지 말라.

무릇 이러한 몇 가지 일을 범하는 경우가 있다면 그 마음 쓰는 것이 바르지 못함을 볼 수 있으니, 바른 마음을 보존하고 몸을 닦는 데 크게 해로움이 있는지라, 이로 인하여 이 글을 써서 옆에 두고 스스로 경계하노라.

참고

범익겸(范益謙): 남송(南宋)의 학자. 이름은 충(沖)이다. 차제(差除): 차(差)는 관리를 파견함. 제(除)는 벼슬에 임명함. 음설(淫媟): 음탕하고 난잡함. 구멱(求覓): 탐내고 가지려 함. 간색(干索): 무리하게 요구하다. 병좌(竝坐): 함께 앉다. 차수사(此數事): '하지 말라'는 7개항과 '하면 안 된다'의 7개항, 즉 14개의 경계할 일.

廷 조성 정, 邊 가 변, 縣 고을 현, 趨 달릴 추, 勢 기세 세, 厭 싫을 염,
淫 음란할 음, 媟 깔볼 설, 評 평할 평, 覓 찾을 멱, 索 찾을 색,
坼 터질 탁, 滯 막힐 체, 窺 엿볼 규, 喫 마실 끽, 揀 가릴 간,
擇 가릴 택, 羨 부러워할 선, 詆 꾸짖을 저, 毁 헐(험담할) 훼,
凡 무릇 범, 犯 범할 범, 修 닦을 수, 因 인할 인, 警 경계할 경.

立敎篇 11

武王이 問太公曰, 人居世上에 何得貴賤貧富
무왕   문태공왈, 인거세상   하득귀천빈부

不等고 願聞說之하여 欲知是矣로이다.
부등   원문설지   욕지시의

太公이 曰, 富貴는 如聖人之德하여 皆由天命이
태공   왈, 부귀   여성인지덕   개유천명

어니와 **富者**는 **用之有節**하고 **不富者**는 **家有十盜**니
　　　부자　용지유절　　　　불부자　　가유십도
이다.

주(周) 무왕(武王)이 태공에게 물었다.

"사람이 같은 세상에 사는데 어찌해서 귀하고 천한 것이나 가난하고 부자로 사는 차이가 생기는지, 이에 대한 말씀을 듣고자 합니다. 그 까닭을 알고 싶습니다."

태공(太公)이 대답하였다.

"부하고 귀한 것은 성인(聖人)의 덕(德)과 같아서 모두 하늘이 준 운명에 의한 것이긴 하지만, 부자로 사는 사람은 쓰는 것을 절도 있게 쓰고, 가난하게 사는 사람은 그 집에 열 가지 도둑[十盜]이 있나이다."

> **참고** 무왕(武王) : 문왕(文王)의 아들. 부왕(父王)의 유업(遺業)을 계승하여 은(殷)나라의 폭군(暴君) 주왕(紂王)을 쳐서 멸하고 중국을 통일하여 주왕조(周王朝)를 세웠음. 강태공(姜太公) 여상을 왕사(王師)로 받들었음.
> 불등(不等) : 같지 않다. 고르지 않다. 설지(說之) : 빈부귀천이 다른 까닭을 설명함.

貴 귀할 귀, 賤 천할 천, 貧 가난할 빈, 等 가지런할 등, 願 원할 원,
聖 성인 성, 皆 다 개, 命 명할 명, 節 마디 절, 盜 훔칠 도.

立敎篇 12

武王이 **曰, 何謂十盜**이오 **太公**이 **曰, 時熟不收**
　무왕　왈,　하위십도　　　　태공　　왈,　시숙불수

爲一盜요 **收積不了 爲二盜**요 **無事燃燈寢睡**
위일도　　수적불료　위이도　　　무사연등침수

爲三盜요 慵懶不耕이 爲四盜요 不施功力이 爲
위삼도   용라불경   위사도   불시공력   위

五盜요 專行巧害 爲六盜요 養女太多 爲七盜요
오도   전행교해 위육도   양녀태다 위칠도

晝眠懶起 爲八盜요 貪酒嗜慾이 爲九盜요 强行
주면라기 위팔도   탐주기욕   위구도   강행

嫉妬 爲十盜니이다.
질투 위십도

무왕(武王)이 다시 물었다.

"그 열 가지 도둑이란 무엇을 가리키는 것입니까?"

태공(太公)이 대답하였다.

"곡식이 익었는데 이것을 제때에 거두어들이지 않는 것이 첫째의 도둑이요, 다음으로는 거두기를 시작했더라도 이것을 창고에 들여다가 쌓는 것을 마치지 않는 것이 둘째의 도둑이요, 아무 일도 없이 등불을 켜놓고 잠자는 것이 셋째의 도둑이요, 게을러서 농사를 짓지 않고 놀기만 하는 것이 넷째의 도둑이요, 아무런 공력(功力)을 들이지 않고 남에게 베풀지 않는 것이 다섯째의 도둑이요, 오로지 교활하고 남에게 해가 되는 일만 골라서 행하는 것이 여섯째의 도둑이요, 딸을 너무 많이 낳아서 기르는 것이 일곱째의 도둑이요, 낮잠 자고 게을러서 아침 늦게 일어나는 것이 여덟째의 도둑이요, 술을 몹시 즐기고 욕심을 부리는 것이 아홉째의 도둑이요, 지나치게 남을 시기(질투)하는 것이 열 번째의 도둑입니다."

熟 익을 숙, 了 마칠 료, 燃 사를 연, 燈 등잔 등, 睡 잘 수,
慵 게으를 용, 懶 게으를 라, 嗜 즐길 기, 嫉 시기할 질, 妬 강새암할 투.

立教篇 13

武王이 曰 家無十盜而不富者는 何如이오 太公
이 曰 人家에 必有三耗니이다 武王이 曰 何名三
耗이오 太公이 曰 倉庫漏濫不蓋하여 鼠雀亂食
이 爲一耗요 收種失時 爲二耗요 抛撒米穀穢賤
이 爲三耗니이다

무왕(武王)이 또 물었다.

"그렇다면 집에 이런 열 가지 도둑이 없는데도 부자가 못되는 것은 어째서입니까?"

태공이 대답하였다.

"그것은 그 집에 반드시 재물을 손실하는(줄이는) 세 가지가 있습니다."

무왕이 물었다.

"세 가지 손실하는 것이란 무엇을 말하는 것입니까?"

태공이 대답하였다.

"창고에 비가 새도 지붕을 덮지 않아서 쥐나 새들이 마냥 까먹도록 내버려두는 것이 첫 번째의 손실인 것이요, 밭에 씨를 제때에 뿌리지 못하거나 제때에 거두어들이지 못하는 것이 두 번째의 손실인 것이요, 곡식을 땅에 흩뜨려 더럽고 천한 물건처럼 여기는 것이 세

입교편(立敎篇) 147

번째의 손실입니다."

참고 누람(漏濫) : 물이 새어 넘치는 것. 쥐구멍 뚫린 것. 불개(不蓋) : 덮지 않는 것. 난식(亂食) : 함부로 먹다. 수종(收種) : 거두고 씨 뿌리는 것. 실시(失時) : (거두거나 씨 뿌릴) 때를 놓치는 것.

耗 줄(손실) 모, 漏 샐 루, 濫 퍼질 람, 蓋 덮을 개, 鼠 쥐 서, 雀 참새 작, 亂 어지러울 난, 抛 던질 포, 撒 뿌릴 살, 穀 곡식 곡, 穢 더러울 예.

立敎篇 14

武王이 曰 家無三耗而不富者는 何如이오. 太公이 曰 人家에 必有一錯 二誤 三癡 四失 五逆 六不祥 七奴 八賤 九愚 十强하여 自招其禍요 非天降殃이니이다.

무왕(武王)이 물었다.
"집안에 세 가지의 손실이 없는데도 부자가 되지 못하는 것은 어째서입니까?"
태공이 대답하였다.
"그것은 집에 반드시 열 가지 나쁜 것이 있어서 그러한 것이오니, 그것은 첫째 일을 잘못한 것, 둘째 일을 그르친 것, 셋째 바보스러운 것, 넷째 매사에 실수하는 것, 다섯째 인륜을 거역하는 처사, 여섯째 상서롭지 못한 일, 일곱째 종(奴)의 행세를 하는 것, 여덟째 천한 일을 하는 것, 아홉째 어리석은 것, 열째 지나치게 강한(뻔뻔스러운) 것 등으로써, 이런 일들은 스스로 화를 부르는 것이요, 하늘이 주는 재앙은 아닙니다."

錯 그르칠(잘못) 착, 誤 그릇할 오, 癡 어리석을 치, 逆 거스를 역, 祥 상서로울 상,
奴 종 노, 賤 천할 천, 愚 어리석을 우, 招 부를 초, 殃 재앙 앙.

立教篇 15

武王이 曰, 願悉聞之하노이다. 太公이 曰, 養男不
무왕 왈, 원실문지 태공 왈, 양남불

敎訓이 爲一錯이요 嬰孩不訓이 爲二誤요 初迎新
교훈 위일착 영해불훈 위이오 초영신

婦不行嚴訓이 爲三癡요 未語先笑 爲四失이요
부불행엄훈 위삼치 미어선소 위사실

不養父母 爲五逆이요 夜起赤身이 爲六不祥이요
불양부모 위오역 야기적신 위육불상

好挽他弓이 爲七奴요 愛騎他馬 爲八賤이요 喫
호만타궁 위칠노 애기타마 위팔천 끽

他酒勸他人이 爲九愚요 喫他飯命朋友 爲十
타주권타인 위구우 끽타반명붕우 위십

强이니다. 武王이 曰, 甚美誠哉라 是言也여.
강 무왕 왈, 심미성재 시언야

무왕(武王)이 말하였다.
"그 자세한 내용을 모두 듣고자 합니다."
태공(太公)이 말하였다.
"자식을 낳아 기르기만 하고 교육시키지 않는 것이 첫 번째의 잘

못이요, 어린 아이 때부터 교훈시키지 않는 것이 두 번째로 일을 그르친 것이요, 처음 아내를 맞이하여 엄하게 가르치지 않는 것이 세 번째의 어리석은 것이요, 남이 말하기 전에 먼저 웃는 것이 네 번째의 실수요, 제 부모를 공양하지 않는 것이 다섯 번째의 인륜을 거스르는 일이요, 밤중에 알몸으로 일어나 밖에 나가는 것이 여섯 번째 상서롭지 못한 것이요, 남의 무기를(활을) 가지고 자기가 쓰기를 좋아하는 것이 일곱 번째 종의 행세를 하는 것이요, 남의 말(馬)을 빌어다가 타기를 좋아하는 것이 여덟 번째 천한 일이요, 남의 술을 얻어먹으면서 그 술을 다른 사람에게 권하는 것이 아홉 번째의 어리석은 것이요, 남의 밥을 먹고 지내면서 벗에게 명령하는 것이 열 번째의 지나친 행동(뻔뻔함)인 것입니다."

무왕(武王)이 말하였다.

"참으로 아름답고 진실하도다, 이 말씀이여!"

참고 은(殷)나라 말기 주왕(紂王)은 폭정이 심했다. 백성이 살 수 없을 정도여서 강태공(姜太公)은 위수(渭水)에서 곧은 낚시를 강에 담가 놓고 밝은 세상을 기다리고 있었다. 그러다가 문왕(文王)이라는 현군을 만나 선정을 하였다. 문왕의 아들 무왕(武王)은 태공을 스승으로 모셔 선정을 베풀고 민심을 얻어 주(周)나라를 세워 천자가 되었다. 적신(赤身) : 알몸. 불상(不詳) : 상서롭지 않음. 흉함. 강(强) : 강심장. 뻔뻔스럽다.

悉 다 실, 訓 가르칠 훈, 嬰 갓난아이 영, 孩 어린아이 해, 嚴 엄할 엄, 赤 붉을 적, 挽 당길 만, 喫 마실 끽, 勸 권할 권, 誠 정성 성.

치정편(治政篇)

공직 사회에 대한 가르침.

治政篇 1

明道先生이 曰, 一命之士가 苟有存心於愛物이면 於人에 必有所濟니라.

명도 선생이 말하였다.

　처음으로 벼슬을 얻은 선비가 진실로 자기의 직책과 공사(公事)를 소중히 여기는 마음을 지닌다면, 자기가 다스리는 사람들을 잘 제도할 수 있을 것이니라.

　　참고　명도 선생(明道先生) : 정호(程顥), 북송(北宋)의 유학자(儒學者). 주돈이(周敦頤)에게 수학(受學)했으며 성리학(性理學)을 크게 발전시켰음. 성리학은 주자(朱子)에 이르러 대성(大成)을 보았기 때문에 정주학(程朱學)이라고도 함. 도학(道學)에 밝다하여 사람들로부터 명도 선생(明道先生)으로 일컬어지며, 또 그의 아우 정이(程頤)와 함께 이정(二程)으로 불렸다. 치정(治政) : 정사를 다스림. 애물(愛物) : 물(物)은 넓은 뜻으로 '대상', 즉 자기가 맡은 직책과 공사(公事). 혹은 기물이나 재물.

命 명령 명. 士 선비 사. 苟 진실로 구. 存 있을 존. 濟 건널 제.

治政篇 2

唐太宗御製에 云하였으되,
上有麾之하고 中有乘之하고 下有附之하여 幣帛
衣之요 倉廩食之하니 爾俸爾祿이 民膏民脂니라
下民은 易虐이어니와 上蒼은 難欺니라.

당(唐)나라 태종(太宗)의 「어제(御製)」에 이르기를,

위에는 일을 지시하는 임금이 있고, 중간에는 그 지시를 받아 다스리는 관리가 있고, 그 아래에는 여기에 따라가기만 하는 백성이 있는데, 모든 관리들은 보수로 받은 비단으로 옷을 해 입고, 창고에 쌓인 곡식으로 밥을 해 먹으니, 알고 보면 너희들이 받는 봉급이 모두 백성들에게서 짜낸 기름이니라. 관리들은 아래에 있는 백성들을 학대하기는 쉽거니와 위에서 내려다보는 푸른 하늘은 속이기 어려우니라.

참고 당태종(唐太宗) : 당(唐)나라의 제2대 임금. 아버지 이연(李淵)을 도와서 수나라를 멸하고 당나라를 세웠음. 휘(麾) : 지휘하는 것. 승(乘) : 여기서는 다스리는 것. 상창(上蒼) : 위에 있는 푸른 하늘. 난기(難欺) : 속이기 어렵다.

麾 대장기 휘, 幣 비단 폐, 廩 곳집 름, 俸 녹 봉, 祿 복 록, 膏 살찔 고, 脂 기름 지, 虐 사나울 학, 蒼 푸를 창, 欺 속일 기.

治政篇 3

童蒙訓에 曰,
동몽훈 왈

當官之法이 唯有三事하니
당관지법 유유삼사

曰淸曰愼曰勤이라
왈청왈신왈근

知此三者면 知所以持身矣니라.
지차삼자 지소이지신의

「동몽훈」에 이르기를,
관직을 맡아 지켜야 할 법이 오직 세 가지가 있으니, 청렴과 신중하고 근면함이다. 이 세 가지를 알면 몸 가질 바를 알 것이니라.

참고 동몽훈(童蒙訓): 송(宋)나라 때 여본중(呂本中)이 아이들을 가르치기 위해 지은 책. 당관(當官): 벼슬살이 하는 것. 삼사(三事): 지키고 행해야 할 세 가지 일. 소이(所以): 바탕. 지신(持身): 몸가짐. 혹은 신분을 유지함.

蒙 어릴 몽, 訓 가르칠 훈, 法 법 법, 唯 오직 유, 愼 삼갈 신,
勤 부지런할 근, 持 가질 지.

治政篇 4

當官者는 必以暴怒爲戒하여 事有不可어든 當詳
당관자 필이폭노위계 사유불가 당상

處之면 必無不中이어니와 若先暴怒면 只能自害
처지 필무부중 약선폭노 지능자해

라 豈能害人이리오.
　　기능해인

관직을 맡은 자는 반드시 지나치게(갑자기) 성내는 것을 경계하여, 옳지 않은 일이라 여겨지는 일이 있더라도 마땅히 자상하게 처리하면, 반드시 맞지 않음이 없을 거니와 만약 지나치게 먼저 화를 내면 다만 자신을 해롭게 할 뿐이라, 어찌 남을 해칠 수 있으리오.

> **참고** 당관자(當官者) : 관직을 맡은 사람. 관리. 위계(爲戒) : 경계함. 사유불가(事有不可) : 일이 혹 잘못되었더라도. 필무부중(必無不中) : 반드시 맞지 않음이 없다. 자해(自害) : 자신을 다치고 자기에게 해가 됨. 기능해인(豈能害人) : 어찌 (화를 냄으로써) 남을 해칠 수가 있으랴.

暴 사나울 폭, 怒 성낼 노, 詳 자세할 상, 處 처리할 처, 豈 어찌 기.

治政篇 5

事君을 如事親하고 事官長을 如事兄하고 如同僚를 如家人하고 待群吏를 如奴僕하고 愛百姓을 如妻子하고 處官事를 如家事然後에야 能盡吾之心이니 如有毫末不至면 皆吾心에 有所未盡也니라.

임금 섬기기를 어버이 섬기듯이 하고, 윗 관리(長官, 높은 벼슬아치) 받들기를 형님 모시듯이 하고, 동료(同僚)들과 사귀기를 가족끼리 지내듯이 하고, 여러 아전들을 대하기를 자기집 노복(奴僕)과 같이 하고, 백성 사랑하기를 처자(妻子)를 사랑하듯 하고, 관청 일 처리하기를 자기집 일을 처리하듯 한 뒤에야 능히 내 마음을 다한 것이니, 만일 털끝만큼이라도 지극하지 못함이 있으면 이것은 모두가 내 마음에 다하지 못한 바가 있는 것이니라.

참고 사(事) : 섬기다. 여(如) : 함께 어울리다. 오지심(吾之心) : 자신의 정성(精誠)과 성심(誠心). 호말(毫末) : 털끝.

僚 동료 료, 群 무리 군, 僕 종 복, 盡 다할 진, 毫 가는 털 호.

治政篇 6

或이 問, 簿는 佐令者也니 簿所欲爲를 令或不從이면 奈何이오 伊川先生이 曰, 當以誠意動之니라 今令與簿不和는 便是爭私意요 令은 是邑之長이니 若能以事父兄之道로 事之하여 過則歸己하고 善則唯恐不歸於令하여 積此誠意면 豈有不動得人이리오.

어떤 사람이 물었다.

"주부(簿)는 수령(현령)을 보좌하는 직책인데, 주부가 하고자 하는 바를 수령이 혹시 따르지 않는다면 어찌합니까?"

이천 선생(伊川先生)이 대답하였다.

"마땅히 정성된 마음으로써 움직여야 할 것이니라. 이제 수령과 주부가 화목하지 않은 것은 곧 사사로운 생각으로 다투는 것이다. 수령은 고을의 장관이니, 만약 부형을 섬기는 도리로 섬겨서 잘못이 있으면 자기에게로 돌리고, 잘한 것은 행여 수령에게로 돌아가지 않을까 두려워하여, 걱정을 하는 그런 정성스런 마음을 쌓는다면, 어찌 사람을 (서로를) 감동시켜 움직이지 못함이 있겠는가?"

참고 이천 선생(伊川先生) : 이름은 정이(程頤), 명도(明道) 정호(程顥)의 아우이며 북송(北宋)의 유학자. 성리학(性理學)을 일으키는 데 공이 컸다.
부(簿) : 주부(主簿). 관청의 장(長)을 보좌하는 직위(職位). 영(令) : 수령(守令)을 말하니 곧 고을의 장관임. 현령. 사지(事之) : '부형을 섬기는 도리로써' 수령을 섬기다.

簿 장부(주부) 부, 佐 도울 좌, 奈 어찌 내, 積 쌓을 적, 誠 정성 성.

治政篇 7

劉安禮問 臨民한대 明道先生이 曰 使民으로 各
유안례문 임민 명도선생 왈 사민 각

得輸其情이니라 問御吏한대 曰正己以格物이니라.
득수기정 문어리 왈정기이격물

유안례가, 백성을 대하는 도리를 묻자, 명도 선생이 말하였다. "백성으로 하여금 각자의 뜻을 펴게 할지니라."

또 관리를 거느리는 도리를 묻자, "자신을 바르게 함으로써 남도 바르게 할지니라." 하였다.

참고 유안례(劉安禮) : 자는 원소(元素), 북송(北宋) 때 사람. 수기정(輸其情) : 그 뜻을 관청에 전달하는 것. 어리(御吏) : 아전을 통솔하는 것. 정기(正己) : 자신을 바르게 함.

臨 임할 림. 輸 나를 수. 情 뜻 정. 御 어거할 어. 格 이를 격. 物 사물 물.

治政篇 8

抱朴子에 曰,
포박자 왈

迎斧鉞而正諫하며 據鼎鑊而盡言이면 此謂忠
영 부 월 이 정 간   거 정 확 이 진 언   차 위 충

臣也니라.
신 야

「포박자(抱朴子)」에 이르기를,

비록 도끼 형벌을 당하여 죽는 한이 있더라도 바르게 임금의 잘못을 간(諫)할 것이며, 기름 가마솥에 삶아 죽는 일이 있더라도 옳다고 생각하는 말을 다한다면 이는 충신이라 할 것이니라.

참고 포박자(抱朴子) : 진(晉)나라 사람, 갈홍(葛洪)의 호(號)다. 신선술(神仙術)을 즐겨 닦았으며 나라 정치에도 참여했다. 그의 저서(著書)도 그의 호를 따서 「포박자」라고 이름 하였다. 내외(內外) 두 편으로 나누어져 내편에서는 신선술을, 외편에서는 시정(時政)의 득실(得失)과 인사(人事)의 선부(善否)를 논하였다.

斧 도끼 부. 鉞 도끼 월. 鼎 솥 정. 鑊 가마 확.

치가편(治家篇)
집안 다스리기와 가정 윤리.

治家篇 1

司馬溫公이 曰, 凡諸卑幼는 事無大小이 毋得
사마온공 왈, 범제비유 사무대소   무득

專行하고 必咨稟於家長이니라.
전행   필자품어가장

사마온공이 말하였다.
　무릇 모든 낮은 이와 어린이는 일의 크고 작음을 가릴 것 없이 제 마음대로 행동하지 말고, 반드시 집안 어른께 여쭈어 보아서 해야 하느니라.

> **참고** 치가(治家) : 집안을 다스리다. 제(諸) : 모든. 여러. 비유(卑幼) : 지위가 낮고 어린 사람. 무득(毋得) : 하면 안 된다. 자품(咨稟) : 윗사람에게 알리고 물어보다.

卑 낮을 비, 毋 말 무, 專 오로지 전, 咨 물을 자, 稟 줄 품.

治家篇 2

待客에 不得不豊이요 治家엔 不得不儉이니라.
대객   부득불풍   치가   부득불검

손님을 대접함에는 풍성하게 하지 않을 수 없고, 집안 살림을 다스림에는 검소하게 하지 않을 수 없느니라.

> **참고** 부득불(不得不) : ~해야 한다. 치가(治家) : 집안 살림을 다스리다.

待 대접할 대, 客 손 객, 豊 풍성 풍, 治 다스릴 치, 儉 검소할 검.

治家篇 3

太公이 曰,
태공 왈

癡人은 畏婦하고 賢女는 敬夫니라.
치인 외부   현녀   경부

태공이 말하였다.
어리석은 사람은 아내를 두려워하고, 어진 여인은 남편을 공경하느니라.

癡 어리석을 치, 畏 두려워할 외, 賢 어질 현, 敬 공경할 경.

治家篇 4

凡使奴僕에 先念飢寒이니라.
범사노복   선념기한

무릇 모든 하인을 부리려거든 먼저 그들의 춥고 배고픔을 염려할지니라.

凡 무릇 범, 奴 종 노, 僕 종 복, 飢 주릴 기.

治家篇 5

子孝면 雙親樂이요 家和면 萬事成이니라.
자효   쌍친락   가화   만사성

　자식이 효도하면 두 어버이가 즐겁고, 집안이 화목하면 온갖 일이 잘 이루어지느니라.

> **참고** 가화(家和) : 집안이 화목함. 가족이 서로 사랑하고 협동함.
>
>
>
> 孝 효도 효, 雙 쌍 쌍, 親 친할 친.

治家篇 6

時時防火發하고 夜夜備賊來니라.
시시방화발   야야비적래

　항상 불이 나는 것을 막고, 밤마다 도적이 드는 것을 방비할지니라.

> **참고** 시시(時時) : 언제나. 항상. 야야(夜夜) : 밤마다.
>
>
>
> 防 막을 방, 發 발생할 발, 備 갖출 비, 賊 도둑 적.

治家篇 7

景行錄에 云, 觀朝夕之早晏하여 可以卜人家之
경행록   운, 관조석지조안   가이복인가지

興替니라.
홍 체

「경행록」에 이르기를,
아침과 저녁의 이르고 늦음을 보아 그 사람의 집이 흥하고 쇠할 것을 점칠 수가 있느니라.

> **참고** 조안(早晏) : 이르거나 늦거나. 흥체(興替) : 흥할 것. 혹은 쇠퇴할 것.

觀 볼 관, 晏 늦을 안, 卜 점 복, 興 일 흥, 替 쇠퇴할 체.

治家篇 8

文仲子이 曰, 婚娶而論財는 夷虜之道也니라.
문중자 왈, 혼취이론재 이로지도야

문중자가 말하였다.
혼인하고 장가드는 데 재물을 논하는 것은 오랑캐의 풍속이니라.

> **참고** 문중자(文仲子) : 수(隋)나라 때 학자 왕도(王道)를 가리킨다. 자기의 건의(建議)가 조정에 받아들여지지 않자 은퇴하여 후진 양성에 힘을 기울였다. 이세민(李世民)을 도와 당(唐)나라를 일으켰는데 어진 재상으로 이름 높은 방현령(房玄齡), 두여회(杜如晦), 위징(魏徵) 등이 다 그의 문인이다. 저서로는 「중설(中說)」이 있다. 문중자(文仲子)란 그의 사후(死後) 문인들이 부른 호다.

婚 혼인할 혼, 娶 장가들 취, 夷 오랑캐 이, 虜 오랑캐(사로잡을) 로.

안의편(安義篇)

가정, 삼친(三親)의 인애(仁愛).

安義篇 1

顏氏家訓에 曰,

夫有人民而後에 有夫婦하고 有夫婦而後에 有父子하고 有父子而後에 有兄弟하니 一家之親은 此三者而已矣라. 自茲以往으로 至于九族이 皆本於三親焉이라. 故로 於人倫에 爲重也니 不可不篤이니라.

「안씨가훈」에 이르기를,

　대저 사람(백성)이 있은 후에 부부가 있고, 부부가 있은 후에 부자가 있고, 부자가 있은 후에 형제가 있으니, 한 집안에서 가장 친함은 이 세 가지뿐이다. 여기에서 나아가 구족(九族)에 이르기까지 일가친척이 모두 이 삼친(三親, 부부, 부자, 형제)에 바탕을 둔다. 그러므로 삼친은 인륜에 있어서 가장 중요한 것이니, 서로 돈독히 하지 않으면 안 되느니라.

> **참고** 안씨가훈(顏氏家訓) : 북제(北齊)의 안지추(顏之推)가 지었으며 두 권으로 되어 있다. 안의(安義) : 의리를 편안히 여기다. 이이의(而已矣) : ~일 뿐이다. 구족(九族) : 고조(高祖)로부터 증조・조부・부(父)・자기・아들・손자・증손(曾孫)・현손(玄孫)까지의 직계친(直系親)을 중심으로 하여, 형제・종형제(從兄弟)・재종형제(再從兄弟)・삼종형제(三從兄弟)를 포함하는 동종친족(同宗親族)을 일컫는다. 그밖에 부족(夫族) 셋, 처족(妻族) 둘을 합쳐서 일컫는 말이기도 하다. 삼친(三親) : 부부와 부자, 형제를 합쳐서 하는 말. 불가불(不可不) : ~하지 않으면 안 된다.

自 ~로부터 자. 玆 이 자. 族 겨레 족. 倫 인륜 륜. 篤 도타울 독.

安義篇 2

莊子曰, 兄弟는 爲手足하고 夫婦는 爲衣服이니 衣服破時엔 更得新이어니와 手足斷處엔 難可續이니라.

장자가 말하였다.

형제는 수족(手足)과 같고 부부는 의복과 같으니, 의복이 떨어졌을 때에는 다시 새 것으로 갈아입을 수도 있지만 수족이 끊어지면 잇기가 어려우니라.

> **참고** 위수족(爲手足) : 손과 발과 같다. 파시(破時) : (옷이) 떨어진 때에는. 난가속(難可續) : 잇기 어렵다. 새로 달기 어렵다.

破 깨질 파. 更 다시 갱(바꿀 경). 斷 끊을 단. 處 장소 처. 續 이을 속.

安義篇 3

蘇東坡云,
소 동 파 운

富不親兮貧不疎는 此是人間大丈夫요 富則進
부 불 친 혜 빈 불 소   차 시 인 간 대 장 부   부 즉 진

兮貧則退는 此是人間眞小輩니라.
혜 빈 즉 퇴   차 시 인 간 진 소 배

소동파(蘇東坡)가 말하였다.

부유해도 친하지 않고 가난하다고 멀리(소원히) 하지 않는 것은 인간으로서의 대장부다운 일이요, 부유하면 찾아가고 가난하면 돌아보지 않는 것은 그야말로 인간으로서 소인배(小人輩)의 짓이니라.

참고 부불친(富不親) : 상대가 부자라도 유별나게 친한 척하거나 접근하지도 않는다. 빈불소(貧不疎) : 가난한 사람을 멸시하고 멀리하지도 않는다.

兮 어조사 혜. 貧 가난할 빈. 眞 참 진. 輩 무리 배.

준례편(遵禮篇)

하늘의 도리를 따르고 실천한다.

遵禮篇 1

子曰, 居家有禮故로 長幼辨하고 閨門有禮故로 三族和하고 朝廷有禮故로 官爵序하고 田獵有禮故로 戎事閑하고 軍旅有禮故로 武功成이니라.

공자께서 말씀하셨다.

집안에 거처함에 예가 있으므로 어른과 아이가 분별되고, 안방에 예가 있으므로 삼족(三族)이 화목하고, 조정에 예가 있으므로 관작의 차례가 있고, 사냥에 예가 있으므로 군사 훈련이 숙달되고, 군대에 예가 있으므로 무공이 이루어지느니라.

참고 준례(遵禮): 예를 따르다. 규문(閨門): 부녀자가 거처하는 안방. 삼족(三族): 여기서는 자기 집안과 식구(부모, 자기, 자녀)를 일컫는다. 관작(官爵): 관직과 작위(爵位). 관직상의 위계와 질서. 전렵(田獵): 사냥하는 것. 융사(戎事): 병사(兵事). 과거에는 사냥이 군사 훈련의 한 방법이었음. 군려(軍旅): 군대. 군대를 동원한 전쟁. 무공성(武功成): 정의롭게 싸워 이기는 것이 무공이다.

遵 좇을 준. 辨 분별할 변. 閨 안방 규. 爵 벼슬 작. 獵 사냥 렵.
戎 병기 융. 旅 군대 려.

遵禮篇 2

子曰, 君子有勇 而無禮면 爲亂하고 小人有勇 而無禮면 爲盜니라.

공자께서 말씀하셨다.
군자가 용맹만 있고 예가 없으면 난리를 일으키고, 소인이 용맹만 있고 예가 없으면 도적질을 하느니라.

참고 군자(君子) : 학문과 인덕(仁德)을 겸비한 선비, 엘리트. 난(亂) : 난을 일으키다. 사회나 국가의 질서를 어지럽히다. 소인(小人) : 자기 한 몸만 잘 살려는 이기적인 물질주의자.

勇 날쌜 용. 爲 할 위. 亂 어지러울 란. 盜 훔칠 도.

遵禮篇 3

曾子曰, 朝廷엔 莫如爵이요 鄕黨엔 莫如齒요 輔世長民엔 莫如德이니라.

증자(曾子)가 말하였다.
조정(정부)에서는 작위(벼슬)만한 것이 없고, 향당(마을)에서는 나이(年齒)만한 것이 없고, 세상을 유익하게 돕고 백성을 잘 다스리는 데는 덕(德)만한 것이 없느니라.

참고 증자(曾子) : 이름은 삼(參). 공자의 제자로서 효행이 높았음. 안자(顔子, 顔回)와 자사(子思, 孔子의 孫子 孔伋) 및 맹자와 더불어 사성(四聖)으로 일컬어짐. 향당(鄕黨) : 마을. 2천5백 호를 향, 5백 호를 당이라고 함. 치(齒) : 나이. 보세(輔世) : 세상을 돕는 것. 장민(長民) : 백성을 잘살게 하는 것. 곧 백성을 잘 되게 다스림. 덕(德) : 인덕(仁德). 어진 덕성.

廷 조정 정. 鄕 시골 향. 黨 무리 당. 齒 연치 치. 輔 도울 보.

遵禮篇 4

老少長幼는 天分秩序이니 不可悖理 而傷道也
노 소 장 유   천 분 질 서   불 가 패 리 이 상 도 야
니라.

노인과 젊은이, 어른과 아이의 순차는 하늘이 나누어 놓은 질서이니, 이 이치를 어겨 도덕을 상하게 해서는 안 되느니라.

참고 패리(悖理) : 이치에 어긋나다. 상도(傷道) : 도리를 상하게 함.

秩 차례 질. 序 차례 서. 悖 어그러질 패. 傷 상할 상.

遵禮篇 5

出門에 如見大賓하고 入室에 如有人이니라.
출 문   여 견 대 빈   입 실   여 유 인

문 밖을 나설 때에는 큰 손님을 뵙듯이 신중하게 하고, 방안에 들어올 때에는 다른 사람이 있는 것처럼 조심해야 하느니라.

> **참고** 출문(出門) : 자기 집 대문을 나서다. 밖에서는. 입실(入室) : 자기 집 방안에 들어오다.

如 같을 여. 賓 손 빈. 室 집 실.

遵禮篇 6

若要人重我면 無過我重人이니라.
약 요 인 중 아   무 과 아 중 인

만약 남이 나를 소중히 여기기를 바란다면, 내가 남을 소중히 여기는 것보다 더함이 없느니라.

> **참고** 인중아(人重我) : 남이 나를 높이다. 존중하다. 무과(無過) : 지나칠 것이 없다. 제일 좋다.

若 만약 약. 要 구할 요. 重 무거울 중. 我 나 아. 過 지날 과.

遵禮篇 7

父不言子之德하며 子不談父之過니라.
부 불 언 자 지 덕   자 부 담 부 지 과

아비는 자식의 덕을 말하지 말며, 자식은 어버이의 허물을 말하지 말지니라.

> **참고** 불언(不言) : 말하지 말라.

德 덕 덕. 談 말할 담. 過 허물 과.

언어편(言語篇)
말을 신중히 하라는 가르침.

言語篇 1

劉會가 **曰, 言不中理**면 **不如不言**이니라.
유회 왈, 언부중리   불여불언

유회가 말하였다.
말이 이치에 맞지 않으면 말을 하지 않느니만 못하니라.

 **참고** 유회(劉會) : 미상(未詳). 중리(中理) : 도리나 이치에 맞다.
불여(不如) : 차라리 ~만 못하다.

中 맞을 중. 理 이치 리.

言語篇 2

一言不中이면 **千語無用**이니라.
일언부중   천어무용

한마디 말(단어)이라도 맞지 않으면, 천 마디의 긴 말이라도 쓸 데가 없느니라.

 **참고** 천어무용(千語無用) : 천 마디 말을 해도 다 쓸모가 없다.

言 말(언어) 언. 語 말씀(말, 이야기) 어.

君平이 曰 口舌者는 禍患之門이요 滅身之斧也
군 평 왈, 구 설 자 화 환 지 문   멸 신 지 부 야

니라.

엄군평(嚴君平)이 말하였다.
입과 혀는 재앙과 환란을 불러들이는 문이요, 자신(몸)을 망하게 하는 도끼이니라.

> **참고** 엄군평(嚴君平) : 전한(前漢) 무제(武帝) 때 사람. 구설(口舌) : 입과 혀. 멸신(滅身) : 몸을 망하게 하다.

舌 혀 설, 禍 재화 화, 患 근심 환, 滅 멸망할 멸, 斧 도끼 부.

利人之言은 煖如綿絮하고 傷人之語는 利如荊
이 인 지 언   난 여 면 서   상 인 지 어   이 여 형

棘하여 一言利人에 重值千金이요 一語傷人에 痛
극   일 언 이 인 중 치 천 금   일 어 상 인   통

如刀割이니라.
여 도 할

사람을 이롭게 하는 말은 따뜻하기가 솜털과 같고, 사람을 해치는 말은 날카롭기가 가시와 같아서 한마디 말로 사람을 이롭게 함에 중하기가 천금의 값어치요, 한마디 말로 사람을 중상함에 아프기가 칼

170 명심보감(明心寶鑑)

로 베는 것과 같으니라.

참고 일언이인(一言利人)이 일언반구(一言半句)로 되어 있는 것도 있다. 중치(重値) : 무게가 (천금의 값에) 해당한다.

煖 따뜻할 난, 綿 솜 면, 絮 솜 서, 償 다칠(상처) 상, 利 날카로울(이로울) 리, 荊 가시나무 형, 棘 가시 극, 値. 값 치, 痛 아플 통, 割 벨 할.

言語篇 5

口是傷人斧요 言是割舌刀니
구 시 상 인 부　　언 시 할 설 도

閉口深藏舌이면 安身處處牢니라.
폐 구 심 장 설　　　안 신 처 처 뢰

입은 바로 사람을 상하게 하는 도끼요,
말은 바로 혀를 베는 칼이니
입을 다물고 혀를 깊이 감추어 두면
몸을 편안히 함이 곳곳마다(어디서나) 견고하느니라.

참고 할설도(割舌刀) : 혀를 베는 칼. 심장설(深藏舌) : 혀를 깊이 감추는 것. 폐구(閉口) : 몸이 편하고 안전하다. 처처뢰(處處牢) : 어디서나 신변이 튼튼하다. 뢰(牢)는 굳다. 단단하다. 견고하다. 우리.

傷 상처 상, 斧 도끼 부, 藏 감출 장, 牢 우리(견고할) 뢰.

言語篇 6

逢人에 且說三分話하고 未可全抛一片心이니
봉 인　　차 설 삼 분 화　　　　미 가 전 포 일 편 심

不怕虎生三個口요 只恐人情兩樣心이니라.
불파호생삼개구 지공인정양양심

사람을 만나거든 우선 삼분(三分 : 30%)의 말만 하고, 자기가 지니고 있는 일편단심(一片丹心)을 다 털어놓지 말지니, 호랑이가 세 번 입을 벌리는 것이 두렵지 않고, 다만 세상 사람의 두 마음이 두려우니라.

참고 봉인(逢人) : 사람을 만나다. 차설(且說) : 또 말을 하다. 혹은 잠깐 말하다. 전포(全抛) : 전부를 내던지다. 인정(人情) : 세상 사람의 마음.

逢 만날 봉, 抛 던질 포, 怕 두려워할 파, 虎 호랑이 호, 個 낱 개, 只 다만 지, 恐 두려워할 공, 樣 모양 양.

言語篇 7

酒逢知己千鍾少요 話不投機一句多니라.
주봉지기천종소 화불투기일구다

술은 나를 알아주는 친구를 만나면 천 잔을 마셔도 부족하지만, 말은 의기가 투합(投合)되지 않으면 한마디도 많으니라.

참고 지기(知己) : 자기를 알아주는 사람, 절친한 친구. 불투기(不投機) : 서로 의기가 투합하지 않음. 기(機)는 기미한 속마음의 뜻. 투(投) : 마음 따위가 서로 딱 맞음의 뜻. 일구다(一句多) : 한마디도 많다.

酒 술 주, 逢 만날 봉, 鍾 종(술잔) 종, 投 합칠 투, 機 틀(기회) 기.

교우편(交友篇)
벗을 사귐에 대한 가르침.

子曰,
자 왈,

與善人居면 如入芝蘭之室하여 久而不聞其香
여선인거   여입지란지실   구이불문기향

이나 卽與之化矣요 與不善人居면 如入鮑魚之
    즉여지화의   여불선인거   여입포어지

肆하여 久而不聞其臭나 亦與之化矣니 丹之所
사   구이불문기취   역여지화의   단지소

藏者는 赤하고 漆之所藏者는 黑이라 是以로 君子
장자   적   칠지소장자   흑   시이   군자

는 必愼其所與處者焉이니라.
   필신기소여처자언

공자(孔子)께서 말씀하셨다.
  선한 사람과 같이 살면 마치 향기로운 지초나 난초가 있는 방안에 들어간 것과 같아서, 오래되면 그 향기를 맡을 수 없으나 곧 더불어 자기 자신도 향기와 동화될 것이요, 선하지 못한 사람과 같이 살면, 비린내 나는 생선 가게에 들어간 것 같아서, 오래되면 그 냄새를 맡을 수 없으나 또한 더불어 자기 자신도 냄새와 동화되나니, 붉은 주사(朱砂)를 지니고 있는 자는 붉어지고, 검은 옻을 지니고 있는 자는 검어지니라. 그러므로 군자는 반드시 자기와 함께 있을 사람을

신중히 가려야 하느니라.

> **참고** 지란지실(芝蘭之室) : 향기로운 지초와 난초가 있는 방. 여지화(與之化) : 그 것으로 더불어 동화(同化)되다. 포어(鮑魚) : 저린 생선. 사(肆) : 가게.

與 함께 여, 居 살 거, 芝 지초 지, 蘭 난초 란, 久 오랠 구, 鮑 어물 포, 肆 가게 사, 臭 냄새 취, 丹 붉을 단, 藏 간직할 장, 黑 검을 흑, 愼 삼갈(신중할) 신.

家語에 云하였으되,
가 어 운

與好學人同行이면 如霧露中行하여 雖不濕衣라
여호학인동행   여무로중행   수불습의

도 時時有潤하고 與無識人同行이면 如厠中坐하
  시시유윤   여무식인동행   여측중좌

여 雖不汚衣라도 時時聞臭니라.
  수불오의   시시문취

「공자가어」에 이르기를,

학문을 좋아하는 사람과 같이 가면, 마치 안개 속을 가는 것과 같아서 비록 옷은 젖지 않더라도 점차 윤택함이 배어들고, 무식한 사람과 함께 가면 마치 뒷간에 앉은 것 같아서 비록 옷은 더럽히지 않더라도 점차 그 냄새가 풍겨지느니라.

> **참고** 호학인(好學人) : 글을 잘하는 사람. 시시(時時) : 때때로, 점차로. 유윤(有潤) : 윤택하게 된다. 오의(汚衣) : 옷을 더럽히다.

霧 안개 무, 露 이슬 로, 濕 젖을 습, 潤 젖을(윤택할) 윤, 識 알 식,
厠 뒷간 측, 汚 더러울 오, 臭 냄새 취.

交友篇 3

子曰,
자 왈,

晏平仲은 善與人交로다 久而敬之온여.
안평중 선여인교 구이경지

공자께서 말씀하셨다.
안평중은 사람들과 사귀기를 잘하도다. 오래도록 (상대를) 공경하는구나.

> **참고** 안평중(晏平仲) : 이름은 영(嬰), 춘추시대 제나라의 재상, 경공(景公)을 도와 제나라의 번영을 가져왔음. 평중(平仲)은 그의 자(字)임. 구이경지(久而敬之) : 오래도록 그 사람을 존경하다.

交 사귈 교, 敬 공경할 경.

交友篇 4

相識이 滿天下하되 知心이 能幾人가.
상식 만천하 지심 능기인

서로 알고 지내는 사람이 천하에 가득하되, 마음을 서로 아는 이가 몇 사람이나 되는가?

> **참고** 상식(相識) : 서로 알고 지내다. 지심(知心) : 마음 속을 알다. 기인(幾人) : 몇 사람이나 되는가?

相 서로 상, 識 알 식, 滿 찰 만, 能 능히 능, 幾 얼마 기.

交友篇 5

酒食兄弟는 **千個有**로되 **急難之朋**은 **一個無**니라.
주 식 형 제   천 개 유   급 난 지 붕   일 개 무

술이나 음식을 먹을 때에는 형제간 같은 친구는 천 명이로되, 위급한 환란을 구해줄 친구는 한 사람도 없느니라.

酒 술 주, 食 밥 식, 急 급할 급, 難 어려울 난, 朋 벗 붕.

交友篇 6

不結子花는 **休要種**이요 **無義之朋**은 **不可交**니라.
불 결 자 화   휴 요 종   무 의 지 붕   불 가 교

열매를 맺지 않는 꽃은 심으려 하지 말고, 의리가 없는 친구는 사귀지 말지니라.

結 맺을 결, 子 열매(씨) 자, 種 심을 종, 義 옳을 의.

交友篇 7

君子之交는 **淡如水**하고 **小人之交**는 **甘若醴**니라.
군자지교 담여수   소인지교 감약례

　군자의 사귐은 담담하기가 물과 같고, 소인의 사귐은 달콤하기가 단술과 같으니라.

淡 담박할(담담할) 담, 如 같을 여, 甘 달 감, 醴 단술 례.

交友篇 8

路遙知馬力이요 **日久見人心**이니라.
노요지마력   일구견인심

　길이 멀어야 말의 힘을 알게 될 것이요, 시간(날)이 오래 지나야 사람의 마음을 보느니라.

참고 노요(路遙) : 길을 멀리 가봐야. 지마력(知馬力) : 말의 힘이 강한지 약한지를 안다. 일구(日久) : 세월이 오래 되야.

路 길 로, 遙 멀 요, 久 오랠 구.

부행편(婦行篇)

부녀자가 지켜야 할 덕행(德行).

婦行篇 1

益智書에 云하였으되,
익지서   운

女有四德之譽하니 一日婦德이요 二日婦容이요
여유사덕지예   일왈부덕   이왈부용

三日婦言이요 四日婦工也니라.
삼왈부언   사왈부공야

「익지서(益智書)」에 이르기를,

여자에게 (훌륭한) 네 가지 덕(德)의 아름다움이 있으니, 첫째는 부덕, 즉 부인다운 덕행(德行)이요, 둘째는 부인다운 얌전한 얼굴 모습이요, 셋째는 부인다운 얌전한 말이요, 넷째는 부인다운 좋은 일솜씨이니라.

참고 부덕(婦德) : 부녀자의 아름다운 덕행. 부용(婦容) : 부녀자의 용모. 부언(婦言) : 부녀자의 말씨. 부공(婦工) : 부녀자의 일솜씨. 예를 들어 길쌈 또는 바느질 등.

益 더할 익, 德 큰(덕행) 덕, 譽 기릴(명예) 예, 婦 여자(며느리) 부,
容 얼굴 용, 工 일(장인) 공.

婦行篇 2

婦德者는 不必才名絶異요
부덕자　불필재명절이

婦容者는 不必顏色美麗요
부용자　불필안색미려

婦言者는 不必辯口利詞요
부언자　불필변구이사

婦工者는 不必技巧過人也니라.
부공자　불필기교과인야

　부인의 아름다운 덕〔婦德〕이라고 하는 것은 반드시 재주의 이름이 뛰어남을 말하는 것이 아니요, 부인의 얌전한 얼굴 모습〔婦容〕이란 반드시 얼굴이 아름답고 고운 것을 말하는 것이 아니요, 부인의 얌전한 말〔婦言〕이란 반드시 언변이 좋아 말을 잘하는 것이 아니요, 부인의 좋은 솜씨〔婦工〕란 반드시 손재주가 남보다 뛰어남을 말하는 것이 아니니라.

　참고 불필(不必) : 반드시 ~함이 아니다. 재명(才名) : 재주와 명성. 절이(絶異) : 남다르게 뛰어나다. 안색(顏色) : 용모나 기색. 미려(美麗) : 아름답고 곱다. 변구(辯口) : 구변, 언변, 말솜씨. 이사(利詞) : 말을 잘함. 기교(技巧) : 손재주. 기술이나 솜씨. 과인(過人) : 남보다 뛰어남.

才 재주 재, 麗 고울 려, 辯 말잘할 변, 詞 말씀 사.

婦行篇 3

其婦德者는 淸貞廉節하여 守分整齊하고 行止有
기부덕자　청정염절　　　수분정제　　행지유

恥하며 動靜有法이니 此爲婦德也요
치   동정유법   차위부덕야

婦容者는 洗浣塵垢하여 衣服鮮潔하며 沐浴及時
부용자 세완진구   의복선결   목욕급시

하여 一身無穢니 此爲婦容也요
    일신무예   차위부용야

婦言者는 擇師而說하여 不談非禮하고 時然後言
부언자 택사이설   부담비례   시연후언

하여 人不厭其言이니 此爲婦言也요
    인불염기언   차위부언야

婦工者는 專勤紡績하고 勿好葷酒하며 供具甘旨
부공자 전근방적   물호훈주   공구감지

하여 以奉賓客이니 此爲婦工也니라
    이봉빈객   차위부공야

  부인으로서의 아름다운 덕[婦德]이라 함은, 맑고 곧고 청렴하고 절개가 있어 분수를 지키고 몸가짐을 바르게 하며, 자기의 행동거지에 염치를(부끄러움을) 알고 동정(動靜)을 법도에 맞게 해야 하는 것이니, 이것이 바로 부덕(婦德)이다.

  부인으로서의 얌전한 얼굴[婦容]이라 함은, 먼지와 때를 닦고 빨아 의복을 깨끗이 하며 목욕을 제때에 해서 한 몸에 더러운 것이 없게 하는 것이니, 이것이 바로 부용(婦容)이다.

  부인으로서의 얌전한 말[婦言]이라 함은, 말을 가려 예의에 벗어난 말은 하지 말고, 때가 된 뒤에야 말하여 사람들이 그 말을 싫어하지 아니함이니, 이것이 바로 부언(婦言)이다.

  부인으로서의 좋은 솜씨[婦工]라 함은, 오로지 길쌈을 부지런히 하고 훈주(葷酒, 훈채와 술)를 좋아하지 않으며, 맛있는 음식을 장만하여 손님을 잘 접대하는 것이니, 이것이 바로 부공(婦工)이다.

此四德者는 是婦人之所不可缺者라 爲之甚易
차 사 덕 자   시 부 인 지 소 불 가 결 자   위 지 심 이

하고 務之在正하니 依此而行이면 是爲婦節이니라.
          무 지 재 정   의 차 이 행   시 위 부 절

이 네 가지 덕은 부녀자로서 하나도 빼놓을 수 없는 것이다. 행하기가 매우 쉽고 힘씀이 바른 데 있으니, 이에 의거하여 행한다면 이것이 부녀자의 범절이 되느니라.

참고 정(貞) : 절개 곧은 것으로 풀이됨. 염(廉) : 염치 있는 것. 절(節) : 절도 있는 것. 행지(行止) : 행동거지. 치(恥) : 부끄러움. 유법(有法) : 법도를 지키다. 세완(洗浣) : 옷을 빠는 것. 진구(塵垢) : 먼지와 때. 선결(鮮潔) : 산뜻하고 정결함. 무예(無穢) : 더러움이 없다. 택사이설(擇師而說) : 사는 스승이라는 뜻이니, 즉 남이 본받을 만한 말을 가려서 하는 것. 시연후언(時然後言) : 때가 된 뒤에 말하는 것, 즉 꼭 할 때가 되어야 말하는 것. 훈주(葷酒) : 훈채와 술. 훈채는 마늘·파·부추 등과 같이 특이한 냄새가 나는 채소. 불교에서는 금한다. 감지(甘旨) : 맛있는 음식. 무지(務之) : 애쓰다. 노력하다. 재정(在正) : 바르게 되도록.

貞 곧을 정, 廉 청렴할 렴, 節 마디 절, 整 가지런할 정, 齊 가지런할 제,
恥 부끄러워할 치, 靜 고요할 정, 浣 빨 완, 塵 티끌 진, 垢 때 구,
潔 깨끗할 결, 穢 더러울 예, 擇 가릴 택, 師 스승 사, 談 말씀 담,
禮 예도 례, 厭 싫을 염, 專 오로지 전, 勤 부지런할 근, 紡 자을 방,
績 길쌈 적, 葷 훈채 훈, 旨 맛있을 지, 奉 받들 봉, 賓 손 빈, 缺 빌 결,
甚 심할 심, 易 쉬울 이(바꿀 역), 務 힘쓸 무, 依 의지할 의.

 婦行篇 4

太公이 **曰**,
태공 왈

婦人之禮는 **語必細**니라.
부인지례 어필세

태공이 말하였다.
부인의 예절은 말할 때는 반드시 조용하고 자상해야 하느니라.

語 말씀 어, 細 가늘(조용하다, 자세하다) 세.

婦行篇 5

賢婦는 **令夫貴**하고 **佞婦**는 **令夫賤**이니라.
현부 영부귀 영부 영부천

어진 부인은 남편을 귀(貴)하게 하고, 간악한 부인은 남편을 천하게 하느니라.

賢 어질 현, 貴 귀할 귀, 佞 아첨할 영(녕), 賤 천할 천.

婦行篇 6

家有賢妻면 **夫不遭橫禍**니라.
가유현처 부부조횡화

집에 어진 아내가 있으면 남편이 뜻밖의 재앙을 당하지 않느니라.

> **참고** 횡화(橫禍) : 뜻하지 않은 재앙과 환난.

賢 어질 현. 妻 아내 처. 遭 만날 조. 橫 가로 횡. 禍 재화 화.

婦行篇 7

賢婦는 和六親하고 佞婦는 破六親이니라.
현부 화 육 친   영부   파 육 친

어진 부인은 부모 형제 처자 등 가까운 친척을 화목하게 하고, 간악한 부인은 가까운 친척의 화목을 깨뜨리느니라.

> **참고** 육친(六親) : 부모(父母)·형제(兄弟)·처자(妻子)의 육친 관계. 또는 친척을 널리 지칭하는 말로도 쓰인다.

和 화할 화. 親 친할 친. 佞 간악할(아첨할) 영. 破 깨뜨릴 파.

증보편(增補篇)

增補篇 1

周易曰, 善不積이면 不足以成名이요 惡不積이면
주역왈, 선부적   부족이성명   악부적

不足以滅身이어늘 小人은 以小善으로 爲无益而
부족이멸신   소인   이소선   위무익이

弗爲也하고 以小惡으로 爲无傷而弗去也니라 故
불위야   이소악   위무상이불거야   고

로 惡積而不可掩이요 罪大而不可解니라.
  악적이불가엄   죄대이불가해

「주역」에 이르기를,

선(善)을 쌓지 않으면 족히 이름을 이룰 수 없고, 악(惡)을 쌓지 않으면 족히 몸을 망치지 않거늘, 소인은 작은 선으로는 유익함이 없다하여 선을 행하지 않고, 작은 악으로는 몸을 다치지 않는다 하여 악을 버리지 않느니라. 그러므로 악이 쌓여서 가리우지 못하고, 죄가 커져서 풀지 못하느니라.

참고 멸신(滅身) : 몸을 망치다. 이소선(以小善) : 작은 선으로서는. 작은 선을 행해도. 위무익(爲无益) : 이익될 게 없다하고. 불위(弗爲) : 작은 선을 행하지 않는다. 위무상(爲无傷) : (작은 악을 행해도) 몸을 해치지 않는다고 생각하고, 불거(弗去) : 작은 악을 멀리하지 않고 (행하다).

해(解) : (죄를) 풀다. (죄에서) 벗어나다.

積 쌓을 적. 无 없을 무. 弗 아닐 불. 掩 가릴 엄.

履霜하면 堅氷至하나니 臣弑其君하며 子弑其父는
이상   견빙지   신시기군   자시기부

非一朝一夕之事라 其所由來者漸矣니라.
비일조일석지사   기소유래자점의

　서리를 밟으면 단단한 얼음이 (얼 때가) 이르나니, 신하가 그 임금을 시해하며 자식이 그 부모를 시해하려는 것은 하루아침이나 하룻저녁에 이루어지는 것이 아니라, 그 소유래(所由來)가 점점 이루어진 것이니라.

　참고 이상(履霜) : 서리를 밟게 되면. 견빙지(堅氷至) : (그 다음에는) 굳은 얼음이 된다. 소유래(所由來) : 어떤 사건의 원인(유래)이 되는 것을 뜻한다.

履 밟을 리. 霜 서리 상. 堅 굳을 견. 氷 얼음 빙. 弑 죽일 시. 漸 점점 점.

팔반가(八反歌) - 桂宮錄

(여덟 편의 반어적인 노래)
자녀 사랑하는 마음으로 효도하라.

八反歌 1

幼兒는 或詈我하면 我心에 覺懽喜하고
유아   혹이아   아심   각환희

父母는 嗔怒我하면 我心에 反不甘이라
부모   진노아   아심   반불감

一喜懽一不甘하니 待兒待父心何懸고
일희환일불감   대아대부심하현

勸君今日逢親怒어든 也應將親作兒看하라.
권군금일봉친노   야응장친작아간

어린 자식이 혹시 나를 보고 욕하면 (꾸짖으면)
(부모된) 내 마음에 기쁨을 깨닫고,
부모는 나를 노여워 꾸짖고 성내면
내 마음에 오히려 달갑지 않게 여기니라.
한 쪽에선 기쁘고 한 쪽에선 달갑지 않으니,
아이를 대하고 어버이를 대하는 마음이
어찌 이다지도 현격한가(다른가).
그대에게 권하노니, 이제 어버이의 노여워함을 보이시면 마땅히
어버이를 어린 자식 꾸짖음에 기쁘듯이 돌이켜 보라.

詈 꾸짖을 리. 懽 기쁠 환. 嗔 성낼 진. 懸 현격할(멀) 현. 勸 권할 권.

八反歌 2

兒曹는 出千言하되 君聽常不厭하고 父母는 一開
아조 출천언   군청상불염   부모   일개

口하면 便道多閑管이라 非閑管親掛牽이니 皓首
구   변도다한관   비한관친괘견   호수

白頭에 多諳練이라 勸君敬奉老人言하고 莫敎乳
백두   다암련   권군경봉노인언   막교유

口爭長短하라.
구쟁장단

　어린 아이들은 천 마디 말을 떠들어대되 그대 듣고는 항상 싫지 않고, 부모가 한 번 입만 열어도 쓸데없이 참견이 많다고 말하느니라. 쓸데없이 일에 간여하는 것이 아니라 친히 마음에 걸리고 끌려서이니, 머리 희어지도록 늙음에서 아는 것이 많으니라. 그대에게 권하노니, 노인 말씀 공손히 받들고 젖내 나는 어린 입으로 시비를 따지지 말도록 하라.

참고 아조(兒曹) : 조는 무리의 뜻으로, 여기서는 어린 자식들. 군청상불염(君聽常不厭) : 부모된 그대는 자식의 말을 듣고도 항상 싫지 않다. 도(道) : 여기서는 말한다로 풀이됨. 한관(閑管) : 부질없이 남의 일을 간섭하는 것. 괘견(掛牽) : 걱정하는 것. 암련(諳練) : 숙달되어 깨달아 잘 알고 있다. 경봉(敬奉) : 공경하고 받들다. 유구(乳口) : 젖내 나는 입. 자식의 입.

聽 들을 청. 管 간섭할 관. 牽 끌 견. 皓 흴 호. 諳 욀 암. 練 익힐 련.

八反歌 3

幼兒尿糞穢는 君心에 無厭忌로되
유아뇨분예   군심   무염기

老親涕唾零에는 反有憎嫌意니라
노친체타령   반유증혐의

六尺軀來何處오
육척구래하처

父精母血成汝體니라
부정모혈성여체

勸君敬待老來人하라
권군경대노래인

壯時爲爾筋骨敝니라
장시위이근골폐

   어린 아이의 똥, 오줌 같은 더러움은 그대 싫어하는 마음 없으되, 늙은 어버이의 콧물, 눈물에는 도리어 미워하고 꺼리는 마음이 있느니라.
   여섯 자의 그대 몸은 어디서 왔는고,
바로 아버지 정(精)과 어머님 피가 그대의 몸이 되었느니라.
그대에게 권하노니, 늙어가는 부모를 공경으로 대접하라.
젊어서 그대를 위해 살과 뼈가 닳도록 애쓰셨느니라.

참고 뇨분예(尿糞穢) : 오줌, 똥의 더러운 것. 군심(君心) : 그대의 마음. 부정(父精) : 아버지의 정기(精氣). 경대(敬待) : 공경해서 대접하는 것. 위이(爲爾) : 너를 위해서. 근골폐(筋骨敝) : 힘줄(살)과 뼈가 닳다.

尿 오줌 뇨, 糞 똥 분, 穢 더러울 예, 忌 꺼릴 기, 涕 눈물 체, 唾 침 타, 零 떨어질 령, 嫌 싫어할 혐, 軀 몸 구, 筋 힘줄 근, 敝 해질 폐.

八反歌 4

看君晨入市하여 買餠又買餻하니
간 군 신 입 시 매 병 우 매 고

少聞供父母하고 多說供兒曹니라
소 문 공 부 모 다 설 공 아 조

親未啖兒先飽하니 子心이 不比親心好니라
친 미 담 아 선 포 자 심 불 비 친 심 호

勸君多出買餠錢하여 供養白頭光陰少하라.
권 군 다 출 매 병 전 공 양 백 두 광 음 소

　그대가 새벽에 시장에 가서 밀가루 떡을 사고 또 흰떡을 사는 것을 보니, 부모 봉양한다는 말은 듣기 어렵고, 아이들에게 준다고 많은 말을 하느니라.
　어버이는 맛도 못 보았는데 아이들은 먼저 배부르니, 자식된 마음은 부모 마음이 좋아하는 것에 미치지 못하느니라.
　그대에게 권하노니, 떡살 돈을 두둑이 내어 흰머리에 살날이 얼마 남지 않은 어버이를 부지런히 공양하라.

참고 간군신입시(看君晨入市) : 그대가 아침에 시장에 가서. 매병우매고(買餠又買餻) : 여러 가지 떡을 사는 것을 보았노라. 병(餠)도 떡, 고(餻)도 떡. 소문공부모(少聞供父母) : 그런데 (떡을) 부모에게 올린다는 말은 안 들리고. 다설공아조(多說供兒曹) : 아이들에게 준다는 말만 많이 하더라. 친미담(親未啖) : 부모는 씹어보지도 못함. 아선포(兒先飽) : 아이들이 먼저 포식하다. 자심(子心) : 자식으로서 효도하려는 마음. 친심(親心) : 자식을 사랑하는 마음. 매병전(買餠錢) : 떡을 살 돈. 백두광음소(白頭光陰少) : 머리가 희고 늙어 사실 날이 없는 (부모님).

晨 새벽 신. 餠 밀가루떡 병. 餻 떡 고. 啖 먹을 담. 飽 물릴 포.

八反歌 5

市間賣藥肆에 惟有肥兒丸하고 未有壯親者하니
시간매약사   유유비아환   미유장친자

何故兩般看고 兒亦病親亦病에 醫兒不比醫親
하고양반간   아역병친역병   의아불비의친

症이라 割股라도 還是親的肉이니 勸君亟保雙親
증   할고   환시친적육   권군극보쌍친

命하라.
명

시장 안 약을 파는 가게에는 오직 아이 살찌는 환약만 있고, 어버이 튼튼히 하는 약은 없으니, 어찌 자식과 양친의 병간호를 다르게 하는고. 아이의 병, 어버이의 병 같건만 어버이 치료는 아이 치료에 비할 수 없느니라. 제 다리 살을 떼 내도 부모의 육신이니, 그대에게 권하노니, 빨리 부모의 목숨 극진히 보호하라.

> **참고** 매약사(賣藥肆) : 약 파는 가게. 유유비아환(惟有肥兒丸) : 약국에 다만 아이를 살찌게 하는 알약만이 있다. 즉 자식을 위한 약만을 샀다는 뜻. 미유장친자(未有壯親者) : 부모를 튼튼하게 하는 보약은 없다. 즉 부모를 위한 보약은 안 샀다는 뜻. 하고(何故) : 어찌하여. 양반간(兩般看) : 양쪽을 다르게 보나, 차별하나. 불비(不比) : 비교가 안 된다. 의친증(醫親症) : 부모님의 병을 치료함. 할고(割股) : 다리의 살을 베는 것. 옛날에 어떤 사람은 아버지가 병이 났는데 사람의 살이 약이라는 말을 듣고 자기 다리의 살을 베어 달여 드렸다는 말이 있음. 친적육(親的肉) : 부모의 살. 극(亟) : 빨리, 당장에. 보(保) : 보전(保全)함. 쌍친명(雙親命) : 양친의 생명.

醫 의원 의. 症 증세 증. 割 나눌 할. 股 넓적다리 고. 亟 빠를 극.

八反歌 6

富貴엔 養親易하나 親常有未安하고
부귀 양친이   친상유미안

貧賤엔 養兒難하나 兒不受饑寒이라
빈천 양아난   아불수기한

一條心兩條路에 爲兒終不如爲父니라
일조심양조로   위아종불여위부

勸君養親如養兒하여 凡事莫推家不富하라
권군양친여양아   범사막추가불부

    부하고 귀함엔 어버이를 봉양하기 쉬우나 그래도 어버이는 항시 편안치 않은 마음이 있고, 가난하고 천함에는 어린 아이 기르기 어려우나 어린 아이는 춥고 배고픔을 받지 않느니라. 한 가지 마음 두 가지 길에 부모 위함이 끝내 어린 아이 위함만 못하니라.
    그대에게 권하노니, 어버이 섬기기를 자식 기르듯 하여 모든 일을 집이 부유하지 못한 가난 탓이라 미루지 말라.

> **참고** 부귀양친이(富貴養親易) : 부귀를 누릴 때에 양친을 물질적으로 잘 봉양하기는 쉽다. 친상유미안(親常有未安) : 양친은 항상 정신적으로 편안하지 않다. 빈천양아난(貧賤養兒難) : 빈천하게 살면 아이들을 키우기 어렵다. 아불수기한(兒不受饑寒) : 아이들을 굶주리게 하고 추위에 떨게 하지 않는다. 일조심(一條心) : 한 가닥의 마음. 양조로(兩條路) : 두 갈래의 길. 막추(莫推) : 핑계대지 마라.

饑 주릴 기. 條 가지 조. 凡 무릇 범. 莫 말 막. 推 미룰(옳을) 추.

八反歌 7

養親_{양친}에는 只二人_{지이인}이로되 常與兄弟爭_{상여형제쟁}하고 養兒_{양아}에는
雖十人_{수십인}이나 君皆獨自任_{군개독자임}이니라
兒飽煖親_{아포난친} 相問_{상문}하되 父母饑寒不在心_{부모기한부재심}이니라
勸君養親_{권군양친}을 須竭力_{수갈력}하라 當初衣食_{당초의식}이 被君侵_{피군침}이라.

어버이를 봉양함에는 다만 두 분이로되 항상 형제끼리 서로 미루어 다투고, 자식 기르기에는 수십 명이나 그대 혼자 스스로 감당하느니라.

아이(자식) 배부르고 따뜻함은 친히 항상 묻되, 부모의 배고프고 추위는 마음에 있지 않느니라.

그대에게 권하노니, 어버이 섬기기를 모름지기 힘을 다하라. 당초에는 의식(옷과 밥)마저 그대에게 빼앗겼느니라.

> **참고** 지이인(只二人) : 오직 두 사람, 즉 아버지와 어머니를 말하는 것임.
> 독자임(獨自任) : 혼자서 맡는 것. 아포난(兒飽煖) : 자식들이 배불리 먹고 따뜻하게 옷을 입는지는. 부모기한(父母饑寒) : 부모가 굶주리고 추워하는 지에 대해서는. 부재심(不在心) : 마음에 두지 않음. 무관심하다. 갈력(竭力) : 힘을 다 씀. 피군침(被君侵) : 부모가 그대에게 침해를 당하다.

飽 물릴 포. 煖 따뜻할 난. 饑 주릴 기. 竭 다할 갈. 侵 침노할 침.

八反歌 8

親有十分慈하되 君不念其恩하고
친 유 십 분 자   군 불 념 기 은

兒有一分孝하면 君就揚其名이니라
아 유 일 분 효   군 취 양 기 명

待親暗待兒明하니 誰識高堂養子心고
대 친 암 대 아 명   수 식 고 당 양 자 심

勸君漫信兒曹孝하라 兒曹樣子在君身이니라
권 군 만 신 아 조 효   아 조 양 자 재 군 신

어버이는 십분의 지극한 사랑함이 있으되, 그대는 그 은혜를 생각지 않고, 자식은 조그만〔一分〕효도함이 있으면, 그대는 나서서 그 이름을 자랑하느니라. 어버이를 대함은 어둡고 자식을 대함은 밝으니, 누가 어버이의 자식 기르는 마음을 알까?

그대에게 권하노니, 아이들의 효도를 크게 믿지 말라. 아이들의 본보기〔樣子〕가 그대 자신에게 있느니라.

참고 십분자(十分慈) : 충분히 넘치는 자애(慈愛)로써. 일분효(一分孝) : 자식놈이 어쩌다가 1푼의 효도를 하면. 아조양자(兒曹樣子) : 아이들의 본보기가 바로 자기 자신에게 있다.

慈 사랑할 자. 恩 은혜 은. 揚 오를 양. 識 알 식. 漫 질펀할 만. 樣 본보기 양.

효행편 속(孝行篇 續)

부모님 섬기기에 정성을 다하라.

孝行篇 續 1

孫順이 家貧하여 與其妻로 傭作人家以養母할새
손순 가빈 여기처 용작인가이양모

有兒每奪母食이라 順이 謂妻曰 兒奪母食하니
유아매탈모식 순 위처왈 아탈모식

兒는 可得이나 母難再求라 乃負兒 往歸醉山北
아 가득 모난재구 내부아 왕귀취산북

郊하여 欲埋掘地러니 忽有甚奇石鐘이라 驚怪試
교 욕매굴지 홀유심기석종 경괴시

撞之하니 舂容可愛라 妻曰 得此奇物은 殆兒之
당지 용용가애 처왈 득차기물 태아지

福이라 埋之不可라 하니 順이 以爲然하여 將兒與鐘
복 매지불가 순 이위연 장아여종

還家하여 懸於樑撞之러니 王이 聞鐘聲淸遠異常
환가 현어량당지 왕 문종성청원이상

하고 而覈聞其實하고 曰 昔에 郭巨埋子엔 天賜金
이핵문기실 왈 석 곽거매자 천사금

釜러니 今孫順埋子엔 地出石鐘하니 前後符同이라
부 금손순매자 지출석종 전후부동

賜家一區하고 歲給米五十石하니라.
사가일구 세급미오십석

손순이 집이 가난하여 그의 아내와 함께 남의 집에 품을 팔아 어머니를 봉양하였는데, 어린 자식이 어머니 드릴 음식을 빼앗아 먹었다.

손순이 아내에게 말하였다.

"아이가 어머님 드실 음식을 먹는구려. 자식은 또 낳을 수 있으나 어머님은 다시 구하기 어렵소."

이에 아이를 등에 업고 귀취산 북쪽 교외로 가서 묻으려고 땅을 팠는데, 뜻밖에 아주 신기한 돌종이 나왔다. 그들은 깜짝 놀라 이상히 여기고 시험 삼아 그 돌종을 쳐보니, 그 소리가 멀리 퍼져 듣기 좋았다.

아내가 말하였다.

"이 같은 기이한 물건을 얻은 것은 모두가 다 자식아이의 복이니 그 애를 묻으면 안 됩니다."

손순도 그렇게 생각하고 아이와 함께 돌종을 들고 집으로 돌아와 대들보에 매달고 종을 울렸다.

마침 왕이 그 종소리가 맑고 멀리 퍼져 이상함을 듣고는 그 사실을 자세히 조사하여 알고 말씀하셨다.

"옛적에 곽거(郭巨)가 아들을 묻었을 적에는 하늘이 금으로 만든 가마솥을 주시더니, 이제 손순이 아들을 묻으려 하자 땅에서 돌종이 나왔으니 앞과 뒤가 다 일치하는구나."

그리고 집 한 채를 주고 해마다 쌀 50석(石)을 내려주니라.

참고 손순(孫順) : 신라 사람으로 경주 손씨의 시조. 효성이 지극하여 돌종[石鐘]을 얻었다. 그 돌종이 신라 진흥왕(眞興王)의 3기(器)의 하나가 되었다. 용작(傭作) : 품팔이를 함. 머슴살이. 아탈모식(兒奪母食) : 어머님이 드실 밥을 자식 놈이 먹다. 욕매(欲埋) : 묻으려고. 용용가애(舂容可愛) : 쨍쨍 울리는 소리가 아름답다. 핵문기실(覈聞其實) : 조사해서 그 사실을 알다. 곽거(郭巨) : 중국 후한(後漢) 때의 사람으로 24효(孝)의 한 사람. 어머니 봉양

효행편 속(孝行篇 續) 195

을 위해 자식을 묻으려 하자 하늘이 그에게 금솥〔金釜〕을 내려주었다. 부동(符同) : 서로 일치하다. 세급(歲給) : 매년 주다.

傭 품팔이 용, 奪 빼앗을 탈, 醉 취할 취, 埋 묻을 매, 掘 팔 굴, 忽 홀연 홀, 怪 괴이할 괴, 撞 칠 당, 舂 찧을할(절구) 용, 殆 자못 태, 將 받들 장, 懸 매달 현, 樑 들보 량, 覈 조사할 핵, 郭 성 곽, 賜 줄 사, 釜 가마솥 부, 符 들어맞을 부.

孝行篇 續 2

尙德은 値年荒癘疫하여 父母飢病濱死라 尙德이 日夜不解衣하고 盡誠安慰하되 無以爲養이면 則刲髀肉食之하고 母發癰에 吮之卽瘉라 王이 嘉之하여 賜賚甚厚하고 命旌其門하고 立石紀事하니라.

상덕은 흉년과 열병이 유행하는 때를 만나 부모님이 굶주리고 병들어 거의 죽게 되자, 상덕이 밤낮으로 옷도 벗지 않고 정성을 다하여 편안히 위로하되, 봉양할 것이 없으면 자기의 넓적다리 살을 베어 올렸고, 어머니께서 종기가 나자 입으로 빨아서 낫게 해드렸다. 왕이 이 소식을 듣고 어여삐 여겨 재물을 후하게 내리고, 그 마을에 정려문(旌閭門)을 세우라 명하고, 아울러 비석을 세워 그의 효행을 기록하게 하였다.

참고 상덕(尙德) : 신라 때의 효자. 치년황(値年荒) : 마침 (그해에) 흉년이 들다.

여역(癘疫) : 전염병이 퍼지다. 창질과 열병. 기병(飢病) : 굶주리고 병들다. 빈사(瀕死) : 거의 죽게 됨. 불해의(不解衣) : 옷도 벗지 않고. 무이위양(無以爲養) : 공양해 올릴 것이 없으면. 비육(髀肉) : 넓적다리의 살. 발옹(發癰) : 종기가 나다. 연(吮) : 입으로 빨다. 사뢰(賜賚) : 임금이 은사를 내려줌. 정려문(旌閭門) : 충신·효자·열녀 등을 표창하기 위하여 그가 사는 마을에 세우는 붉은 문. 입석기사(立石紀事) : 비석을 세워 그 효행을 기록함.

値 만날 치, 荒 흉년들 황, 癘 창질 려, 疫 질병 역, 瀕 물가 빈,
慰 위로할 위, 刲 저밀 규, 髀 다리 비, 食 먹일 사, 밥 식, 癰 종기 옹,
吮 빨 연, 癒 나을 유, 嘉 아름다울 가, 賚 줄 뢰, 旌 표할 정, 紀 기록할 기.

孝行篇 續 3

都氏家貧이나 至孝라 賣炭買肉하여 無闕母饌이
도 씨 가 빈   지 효   매 탄 매 육   무 궐 모 찬

러라 一日은 於市에 晚而忙歸러니 鳶忽攫肉이어늘
    일 일 어 시 만 이 망 귀   연 홀 확 육

都悲號至家하니 鳶旣投肉於庭이러라 一日은 母
도 비 호 지 가 연 기 투 육 어 정   일 일 모

病 索非時之紅柿어늘 都彷徨柿林하여 不覺日
병 색 비 시 지 홍 시   도 방 황 시 림   불 각 일

昏이러니 有虎屢遮前路하고 以示乘意라 都乘至
혼   유 호 누 차 전 로   이 시 승 의 도 승 지

百餘里山村하여 訪人家投宿이러니 俄而主人이
백 여 리 산 촌 방 인 가 투 숙   아 이 주 인

饋祭飯而有紅柿라 都喜하여 問柿之來歷하고 且
궤 제 반 이 유 홍 시 도 희   문 시 지 내 력   차

述己意한대 答曰 亡父嗜柿라 故로 每秋에 擇柿
술 기 의   답 왈 망 부 기 시 고   매 추 택 시

二百個하여 藏諸窟中하여 而至此五月이면 則完
이백개   장제굴중   이지차오월   즉완

者不過七八이라가 今得五十個完者라 故로 心異
자불과칠팔   금득오십개완자   고   심이

之러니 是天感君孝라 하고 遺以二十顆어늘 都謝
지   시천감군효   유이이십과   도사

出門外하니 虎尙俟伏이라 乘至家하니 曉鷄喔喔
출문외   호상사복   승지가   효계악악

이러라 後에 母以天命으로 終에 都有血淚라.
      후   모이천명   종   도유혈루

도씨는 집안이 가난하였으나 효성이 지극하였다. 숯을 팔아서 고기를 사다가 어머님 반찬에 부족함이 없이 공양하였다. 하루는 시장에서 늦어 바삐 돌아오는데 솔개가 갑자기 고기를 채어가거늘 도씨가 슬피 울며 자기 집에 돌아와 보니, 솔개가 이미 고기를 집안 뜰에 던져 놓았더라.

하루는 어머니가 병이 나서 때 아닌 홍시를 찾거늘, 도씨가 감나무 숲을 헤매다가 날이 저문 것도 모르고 있었는데, 그때에 호랑이가 나타나 여러 번 앞길을 가로막고 올라타라는 뜻을 보였다.

도씨는 호랑이를 타고 백여 리나 떨어진 산 속 마을에 이르러 인가(人家)를 찾아 묵었는데, 그러자 얼마 안 되어 주인이 제삿밥을 차려 주는데 상에 홍시가 있었다. 도씨는 심히 기뻐하며 홍시의 내력을 묻고 자기가 온 뜻을 말하였다.

그러자 주인이 대답하였다.

"돌아가신 저의 아버지께서 감을 즐기셨으므로 매년 가을이면 감 2백 개를 골라서 굴 속에 저장해 두었습니다. 그러나 제사를 지내는

5월까지 온전한 것은 고작 7, 8개에 불과했었습니다. 그런데 금년에는 온전한 것이 50개나 되어 마음속으로 이상하게 여겼습니다. 이것은 하늘이 그대의 효성에 감동한 것이었군요."

이렇게 말하고 감 20개를 내어 주었다. 도씨가 감사하고 문밖으로 나오니, 아직도 호랑이가 엎드린 채 기다리고 있었다. 호랑이를 타고 집에 돌아오니 새벽닭이 꼬꼬하고 울었다. 그 후 어머니는 천명을 다 누리고 돌아가시자, 도씨는 슬퍼하여 피눈물을 흘렸다.

참고 도씨(都氏) : 조선조 철종(哲宗) 때의 효자. 무궐(無闕) : 빠뜨리는 것 없이. 확육(攫肉) : 고기를 채어 가다. 비호(悲號) : 슬피 울다. 방황(彷徨) : 헤매다. 누차(屢遮) : 여러 번 (앞을) 막다. 아(俄) : 이내, 뜻밖에. 장제굴중(藏諸窟中) : 감을 굴 속에 저장함. 호상사복(虎尙俟伏) : 호랑이가 여전히 엎드린 채 기다리고 있다. 효계(曉鷄) : 새벽 닭. 모이천명종(母以天命終) : 어머니가 천명을 다하고 돌아가시다.

賣 팔 매. 炭 숯 탄. 買 살 매. 闕 빠뜨릴 궐. 饌 반찬 찬. 晚 늦을 만. 忙 바쁠 망. 鳶 소리개 연. 攫 움킬 확. 索 찾을 색. 柿 감 시. 彷 방황할 방. 徨 방황할 황. 屢 자주 루. 遮 막을 차. 俄 잠시 아. 饋 먹일 궤. 嗜 즐길 기. 窟 구멍 굴. 顆 덩이 과. 俟 기다릴 사. 曉 새벽 효. 喔 울 악. 淚 눈물 루.

염의편(廉義篇)

언제나 청렴하라.

廉義篇 1

印觀이 賣綿於市할새 有署調者 以穀買之而還
(인관) (매면어시)   (유서조자) (이곡매지이환)

이러니 有鳶이 攫其綿하여 墮印觀家어늘 印觀이 歸
       (유연) (확기면)   (타인관가)   (인관) (귀)

于署調曰 鳶墮汝綿於吾家라 故로 還汝하노라
(우서조왈) (연타여면어오가)   (고) (환여)

署調曰 鳶이 攫綿與汝는 天也라 吾何受爲리오
(서조왈) (연) (확면여여) (천야) (오하수위)

印觀曰 然則還汝穀하리라 署調曰 吾與汝者 市
(인관왈) (연즉환여곡)   (서조왈) (오여여자) (시)

二日이니 穀已屬汝矣라 하고 二人이 相讓이라가 幷
(이일)   (곡이속여의)   (이인) (상양)   (병)

棄於市하니 掌市官이 以聞王하여 並賜爵하니라
(기어시)   (장시관) (이문왕)   (병사작)

인관이라는 사람이 시장에서 솜을 팔고 있는데, 서조라는 사람이 곡식으로써 솜을 사 가지고 돌아갔는데, 솔개가 그 솜을 낚아채 가지고 가서 인관의 집에 떨어뜨렸다. 이에 인관이 그 솜을 서조에게 되돌려 주며 말하였다.

"솔개가 당신의 솜을 물어다 우리집에 떨어뜨렸소. 그래서 되돌려 드리는 것이오."

서조가 말하였다.

"솔개가 솜을 낚아서 그대에게 준 것은 하늘이 시킨 일이거늘 내가 어찌 되돌려 받겠는가?"

그러자 인관이 말하였다.

"그렇다면 (솜 값으로 받은) 곡식을 당신에게 돌려드리겠소."

서조가 말하였다.

"내가 그대에게 곡식은 준 후로 이미 두 차례나 장날이 지나갔으니, 그 곡식은 이미 당신의 것이오."

두 사람은 서로 사양하다가 마침내 솜과 곡식을 장터에 내다가 버리니, 시장을 관리하는 관원이 임금에게 이 사실을 보고해 올리자 임금은 이들에게 벼슬을 내렸다.

참고 인관(印觀)과 서조(署調) : 신라 때 사람들이다.

廉 청렴할 렴, 印 인 인, 觀 볼 관, 綿 솜 면, 署 마을 서, 調 고를 조, 穀 곡식 곡, 墮 떨어질 타, 與 줄 여, 屬 붙일 속, 讓 사양할 양, 棄 버릴 기, 掌 맡을(손바닥) 장, 官 벼슬 관, 賜 줄 사.

廉義篇 2

洪公耆燮이 少貧甚無聊러니 一日朝에 婢兒踊
홍공 기섭 소빈심무료   일일조   비아용

躍獻七兩錢曰 此在鼎中하니 米可數石이요 柴
약 헌 칠 냥 전 왈 차재정중   미가수석   시

可數駄니 天賜天賜니이다 公이 驚曰 是何金하고
가 수 태   천 사 천 사   공   경왈 시하금

卽書 失金人 推去等字하여 付之門楣而待러니
俄而姓劉者來 問書意어늘 公이 悉言之한대 劉
曰 理無失金於人之鼎內하니 果天賜也라 盍取
之닛고 公이 曰 非吾物에 何오 劉俯伏曰 小的이
昨夜에 爲竊鼎來라가 還憐家勢蕭條 而施之러니
今感公之廉价하고 良心自發하여 誓不更盜하고
願欲常侍하오니 勿慮取之하소서 公이 卽還金曰
汝之爲良 則善矣나 金不可取라 하고 終不受하니
라 後에 公이 爲判書하고 其子在龍이 爲憲宗國舅
하며 劉亦見信하여 身家大昌하니라.

홍공 기섭이 젊었을 때 매우 가난하여 심히 무료하였는데, 어느 날 아침에 어린 계집종이 좋아 날뛰면서 달려와 돈 일곱 냥을 바치며 말하였다.

"이 돈이 솥 안에 있었으니, 쌀 몇 섬이요, 나무가 몇 바리 어치입니다. 이것은 하늘이 내려주신 것입니다."

공이 놀라며 말하였다.

"그게 어떻게 된 돈일까?" 그리고 즉시 '돈을 잃은 사람은 찾아가라'는 글을 써서 대문에 붙이고 기다렸다.

얼마 후에 유씨 성의 사람이 와서 대문에 붙인 글의 뜻을 물었다. 이에 공이 돈의 내력을 자세히 설명하자, 유씨가 말하였다.

"아무도 돈을 남의 솥 속에다 잃을 이치가 없으니, 그 돈은 필경 하늘이 내려준 것이오. 어찌 안 가지려 하십니까?"

그러자 공이 말하였다.

"나의 재물이 아닌데 어찌 가진단 말입니까?"

그러자 유씨가 엎드려 절을 하며 말하였다.

"소적(小的, 소인)이 어젯밤에 공의 솥을 훔치러 왔다가 도리어 가세가 너무 쓸쓸한 것을 안타까이 여겨 이 돈을 솥 안에 놓고 갔습니다. 소인은 이제 공의 청렴하심에 감동하고 양심이 절로 우러나와 다시는 도적질을 하지 않으려고 맹세하옵고, 앞으로도 항상 옆에서 모시기를 원하오니, 염려마시고 이 돈을 거두어 주십시오."

공은 즉시 돈을 돌려주며 말하기를, "그대가 착한 사람이 된 것은 참으로 좋은 일이나 그래도 이 돈은 내가 취할 수 없소." 하고 끝내 받지 않았다.

후에 공은 판서가 되었고, 그의 아들 재룡(在龍)은 헌종(憲宗)의 장인이 되었으며, 유씨도 신임을 얻어 자신과 그의 집안이 크게 번성하였다.

참고 홍기섭(洪耆燮) : 조선 순조(純祖) 때의 사람. 가빈심무료(家貧甚無聊) : 무료(無聊)는 '즐겁지 않음'을 뜻한다. 원본에는 無料로 되어 있으나 뜻이 분명치 않으므로 통행본(通行本)을 따랐다.

耆 늙은이 기. 燮 빛날 섭. 聊 애오라지(즐거울) 료. 婢 계집종 비. 踊 뛸 용. 躍 뛸 약. 獻 바칠 헌. 鼎 솥 정. 柴 나무 시. 馱 짐실을 태. 楣 문설주 미. 悉 다 실. 盍 어찌 아니할 합. 俯 구부릴 부. 竊 훔칠 절. 蕭 쓸쓸할 소. 价 청렴할 개. 誓 맹세할 서. 更 다시 갱. 憲 법 헌. 舅 장인 구.

廉義篇 3

高句麗 平原王之女는 幼時에 好啼러니 王이 戲
고구려 평원왕지녀   유시 호제   왕 희

曰 以汝로 將歸 于愚溫達하리라 及長에 欲下嫁
왈 이여 장귀 우우온달   급장 욕하가

于上部高氏한대 女以王不可食言이라 하여 固辭
우상부고씨   여이왕불가식언   고사

하고 終爲溫達之妻하니라 蓋溫達이 家貧하여 行乞
    종위온달지처   개온달   가빈   행걸

養母하니 時人이 目爲愚溫達也러라 一日은 溫達
양모   시인 목위우온달야   일일   온달

이 自山中으로 負楡皮而來하니 王女訪見曰 吾
  자산중   부유피이래   왕녀방견왈 오

乃子之匹也라 하고 乃賣首飾하여 而買田宅器物
내자지필야   내매수식   이매전택기물

頗富하고 多養馬以資溫達하여 終爲顯榮하니라
파부   다양마이자온달   종위현영

고구려 평원왕의 공주는 어려서 잘 울었으므로, 왕이 희롱하여 말하기를, "장차 너를 바보 온달에게 시집보내겠다."고 하였다.

공주가 성장하자 왕이 공주를 상부 고씨에게 시집을 보내려 하니 공주는, "왕가에서 식언을 하면 안 됩니다."라고 하여 굳이 사양하고 마침내 온달의 아내가 되었다.

일찍이 온달은 집안이 가난하여 거리로 다니며 구걸하여 자기 어머니를 봉양하니, 이에 사람들은 그를 보고 바보 온달이라고 불렀다.

하루는 온달이 산에서 느릅나무 껍질을 짊어지고 돌아오니, 공주가 찾아와서 말하였다.

"저는 바로 당신의 아내입니다."

그리고 비녀와 장식품을 팔아 밭과 집과 기물 등을 꽤 많이 사고 또 말들을 많이 길러 온달의 뒷바라지를 했다. 마침내 온달은 (공을 세워) 이름을 내고 자손들도 번창하게 되었다.

참고 평원왕(平原王) : 고구려의 제25대 왕으로 재위(在位)는 559~590이었다.
온달(溫達) : 고구려 평원왕 때의 장군으로 북주(北周) 무제(武帝)의 군사를 쳐서 공을 세워 대형(大兄)이라는 벼슬에 올랐다.

句 글귀 구, 麗 고울 려, 原 언덕 원, 啼 울 제, 戲 희롱할 희, 汝 너 여,
嫁 시집갈 가, 部 마을 부, 蓋 대개 개, 乞 빌 걸, 愚 어리석을 우, 負 질 부,
楡 느릅나무 유, 訪 찾을 방, 匹 짝 필, 飾 꾸밀 식, 頗 자못 파, 資 도울 자.

권학편(勸學篇)

늘 배우고 익혀야 한다.

朱子曰, 勿謂今日不學而有來日하며 勿謂今
주자왈, 물위금일불학이유내일　　　물위금

年不學而有來年하라 日月逝矣라 歲不我延이니
년불학이유내년　　　일월서의　　세불아연

嗚呼老矣라 是誰之愆고.
오호노의　　시수지건

주자가 말하였다.
　오늘 배우지 않고서 내일이 있다고 말하지 말며, 올해에 배우지 않고서 내년이 있다고 말하지 말라. 세월은 흘러가는 것이라, 나를 위해 기다리지 않는다. 오! 늙음이여, 이 누구의 허물인가?

勸 권할 권. 逝 갈 서. 延 늦출 연. 嗚 슬플 오. 愆 허물 건.

少年易老學難成하니 一寸光陰不可輕이라 未
소년이노학난성　　　일촌광음불가경　　미

覺池塘春草夢하여 階前梧葉已秋聲이라.
각지당춘초몽　　　계전오엽이추성

소년은 늙기 쉽고 학문은 이루기 어려우니, 한 치의 광음(光陰, 짧은 시간)도 가벼이 여기지 말라. 아직도 못가의 봄풀은 꿈에서 깨지 못하였는데, 섬돌 앞 오동나무는 벌써 가을 소리를 내는구나.

陰 그늘 음. 覺 깨달을 각. 塘 못 당. 夢 꿈 몽. 階 섬돌 계. 梧 오동나무 오.

勸學篇 3

陶淵明詩云,
도연명시운,

盛年은 不重來하고 一日은 難再晨이니 及時當勉
성년　　부중래　　　일일　　난재신　　　급시당면

勵하라 歲月은 不待人이니라.
려　　　세월　　부대인

도연명의 시(詩)에 이르기를,
　젊음은 거듭해서(두 번 다시) 오지 않고, 하루는 새벽이 두 번 있기 어려우니, 때가 이르거든 마땅히 학문에 힘써라. 세월은 사람을 기다리지 않느니라.

참고 도연명(陶淵明): 동진(東晉)의 은사로, 이름은 잠(潛)이고 자는 원량(元亮)이다. 저서로 「도정절집(陶靖節集)」이 있으며 '귀거래사(歸去來辭)'가 유명하다.

陶 질그릇 도. 淵 못 연. 盛 성할 성. 重 거듭 중. 勉 힘쓸 면. 勵 힘쓸 려.

勸學篇 4

荀子曰,
不積蹞(跬)步면 無以至千里요 不積小流면 無以成江河니라.

순자(荀子)가 말하였다.
 반걸음을 쌓지 않으면 천 리에 이르지 못하고, 작게 흐르는 물을 모으지 않으면 강하(江河)를 이루지 못하느니라.

積 쌓을 적. 蹞 반걸음 규.